Viktor von Baussnern

Feldmarschall-Leutnant von Gablenz und der Deutsch-Dänische Krieg in Schleswig-Holstein

Viktor von Baussnern

Feldmarschall-Leutnant von Gablenz und der Deutsch-Dänische Krieg in Schleswig-Holstein

ISBN/EAN: 9783743390041

Hergestellt in Europa, USA, Kanada, Australien, Japan

Cover: Foto ©ninafisch / pixelio.de

Weitere Bücher finden Sie auf www.hansebooks.com

Feldmarschall-Lieutenant v. Gablenz

und der

Deutsch-dänische Krieg

in

Schleswig-Holstein.

Von

Victor v. Baußnern.

Mit vier Abbildungen nach Zeichnungen von A. Beck.

Hamburg.
Hoffmann & Campe.
1864.

Vorwort.

Vor einigen Jahren fand ich in einem Tyroler Blatte die ursprüngliche Skizze der Lebensbeschreibung des F.-M.-L. Freiherrn v. Gablenz, und diese habe ich als Grundlage meines Büchleins benutzt. Was der Held meiner Geschichte im Weitern für seinen Staat, für seinen Kaiser und jüngst für Deutschland, speziell für Schleswig-Holstein gethan hat, schöpfte ich theils aus eigener Anschauung, theils aus authentischen Quellen. Ich übergebe diese Zusammenstellung der neuesten Ereignisse der deutschen Lesewelt mit dem festen Vertrauen auf das im heutigen Jahrzehnt vorherrschende, von den vielen Schlacken gesellschaftlicher Vorurtheile ziemlich gereinigte Denken und Wollen jener großen Parthei im Vaterlande, welche einzig und allein auf dem Wege der Selbsterkenntniß und der wahrhaften Ueberzeugung, ohne Pulver und Blei und nur vom Zeitgeiste geleitet, das Fortschrittsstreben vertritt.

Das deutsche Volk besteht ja heute nur im Denken und im Wollen, weil es, in so viele Marken abgegränzt, seinem einmüthigen Willen nicht auch die Einheit der Thatkraft folgen lassen kann. Wenn aber dereinst die vielen Souveraine deutschen Bodens zu Gunsten eines einzigen und mächtigen Herrschers über Deutschland von ihren Thronen herabsteigen werden, dann ist auch für Herzog Friedrich VIII., erb- und kronbe-

I.

Ludwig Freiherr von Gablenz

wurde am 19. Juli 1814 in Dresden geboren. Sein Vater, der k. sächsische Generallieutenant gleichen Namens, ließ dem Sohne eine sorgfältige Erziehung in der Ritterakademie zu Dresden ertheilen, allwo der wißbegierige und talentvolle Knabe schon frühzeitig zu eifrigem Lernen angehalten ward und vielfach Gelegenheit hatte, sich allmälig in allen höhern militairischen Wissenschaften heranzubilden. Nach vollendeten Studien trat der junge Gablenz in sächsische Kriegsdienste und avancirte im Gardereiterregiment nach kurzer Frist zum Lieutenant.

Der Wunsch, einem größern Staate anzugehören, war jedoch bei dem feurigen jungen Manne so vorherrschend, daß der Vater endlich dem Andringen desselben nicht länger widerstand, und ihm erlaubte, im Monate April 1833 in k. k. österreichische Dienste zu treten. Schon gleich im Beginne seiner Laufbahn versuchte er sich in kurzer Zeit fast bei allen Waffengattungen, indem er abwechselnd bald bei der Infanterie und Kavallerie, bald bei der Artillerie diente, und sogar dem Generalquartiermeisterstabe zugetheilt ward. Ganz besonders aber hatte er Gelegenheit, in den Jahren 1835 bis 1839 während der großen italienischen Manöver unter dem berühmten Marschall Radetzky seine militairischen Kenntnisse zu erweitern, und sich auf dem classischen Boden des nördlichen Italiens Einsicht in die localen Verhältnisse zu verschaffen. Diese Errungenschaft kam ihm später, namentlich während des italienischen Krieges 1848, sehr zu Statten, indem sie seine eigenen Anschauungen über die eigentliche Taktik auf den Schlachtfeldern so wie die naheliegenden, oft auch gefährlichen Vergleiche mit der napoleonischen Kriegführung zu berichtigen und festzustellen vermochte. Es ist anzunehmen, daß unser Gablenz hier die ersten tiefern Eindrücke für seinen Beruf erhalten, daß seine junge Seele hier sich mit ihrem ersten freien Flügelschlage zum Reiche der Phantasie emporgeschwungen habe.

Als Oberlieutenant im 18. Infanterie-Regimente Graf Lilienfeld, welches zu Mailand in Garnison lag, verstand er es, sowohl durch sein ganzes Wesen, als auch durch mannigfache glückliche Thatsachen die Aufmerksamkeit seiner höhern Vorgesetzten, namentlich die des Grafen Wallmoden, auf sich zu ziehen, welcher damals das 1. Armee-Corps commandirte. Die Folge hievon war, daß er während der Anwesenheit der französischen Prinzen in Mailand dem Herzoge von Orleans als Ordonanz-Offizier zugetheilt wurde. Dieser Ehrenposten wurde ihm auch später wieder zu Theil, und zwar bei dem russischen Thronfolger, dem gegenwärtigen Kaiser, welcher seiner geschwächten Gesundheit wegen die Traubenkur zu Como gebrauchen mußte. Während eines Monates stand v. Gablenz dem jetzigen Kaiser von Rußland in gesellschaftlicher Umgebung ziemlich nahe, und hatte Gelegenheit, bei dem hohen Kranken seine besondere Localkenntniß des norditalischen Eldorado's „Como" zur Geltung zu bringen. (Man möge im Hinblick auf die gegenwärtige, ziemlich verwirrte politische Constellation Europas in Erwägung ziehen, daß am Kaiser von Rußland nichts mehr als sein gutes Gedächtniß, an unserem Helden aber ein besonders richtiger Takt im Unterscheiden zwischen Kleinlichem und Großem, „die Welt Bewegendem" gerühmt werden muß.)

Bald nach dieser Epoche fand die Krönung des Kaisers Ferdinand statt, welche mit Aufbringung überschwänglicher Mittel und mit fast feenhafter Pracht ins Werk gesetzt wurde. Graf Wallmoden fand es (vielleicht aus persönlichen Rücksichten) für gut, den in der nächsten Umgebung so hoher und einflußreicher Personen gewesenen Oberlieutenant v. Gablenz zu diesem feierlichen Akte sich selbst als Attaché zuzutheilen. —

Bald darauf, im September 1839, ernannte ihn der General der Cavallerie, Graf Wallmoden, vom Infanterie-Oberlieutenant zum Rittmeister in seinem Küraffier-Regimente, welches damals in Ungarn stationirt war, und wohin Gablenz auch ohne Verzug einrücken mußte.

Im Jahre 1833 trat v. Gablenz in die österreichische Armee als Fähndrich ein, und im Jahre 1839 (also innerhalb 6 Jahren) wurde er Rittmeister und legte in dieser kurzen Zeit eine Normal-Carrière von 20 Jahren zurück; denn eine solche Frist erforderte zum Mindesten der damalige Schneckengang eines lebensmüden Friedens zur Durchlaufung von 5 Stufen. Es kann immerhin zugestanden werden, daß vielleicht noch mehrere ebenso verdienst- und talentvolle Kameraden und Zeitgenossen unseres Helden den gleichberechtigten Anspruch auf Beförderung hatten, indessen muß — wie auf jedem andern Berufswege, so auch in der militairischen Carrière — stets das Glück der Wegweiser sein, und v. Gablenz darf sich bei all seinen Vorzügen nicht über die Ungunst Fortuna's beklagen, wenngleich er während der nächsten 10 Jahre vom Rittmeister nicht weiter aufrückte. Diese Epoche militairischer Ruhe und die dadurch möglich gewordenen Urlaubsfristen benutzte derselbe zu nützlichen und bildenden Reisen. Außer England, Frankreich, Holland, Belgien, Deutschland und der Schweiz, war es vorzüglich der ferne Süden, ja der Orient, der ihn beschäftigte. Er zog dahin und benutzte behufs der Orientirung auf seinen Reisen die besten und ausgewähltesten Schriften. Diese sowohl als auch das Zusammentreffen mit interessanten Persönlichkeiten, in deren Gesellschaft er jene fernen und unwirthbaren Zonen betreten hatte, brachten in ihm bald den unwiderstehlichen Drang und Vorsatz zur Reise: den Aequator zu erreichen. Das Jahr 1845 gab ihm endlich willkommene Gelegenheit, sich sieben Engländern, welche von Alexandrien aus den Nil aufwärts eine Forschungsreise unternehmen wollten, anzuschließen, um ins Innere von Afrika vorzudringen. Später schloß er sich ebenfalls der Expedition des Fürsten von Colloredo und des Grafen v. Neipperg an, auf welcher er es war, der in seiner Kühnheit darauf bestand, den 11ten Grad nördlich vom Aequator zu erreichen, wohin kaum jemals ein Europäer gekommen war.

Nach einer elfmonatlichen Abwesenheit kehrte Rittmeister v. Gablenz in seine dienstliche Stellung zurück, und er mußte hier seinem Durste nach militairischer Auszeichnung während längerer Zeit Schweigen gebieten, bis ihn die März-Revolution als Escadronchef nach Preßburg führte, wo eben der ungarische Landtag den Sturm vorbereitete, welcher fast die ganze Monarchie zertrümmert hätte.

Es ist ein untrügliches Zeichen von Genialität, wenn begabte Charaktere sich auch außerhalb der ihnen vom Schicksal

angewiesenen Sphäre Forschungen und Berechnungen hin=
geben; und dies Zeichen finden wir an Herrn v. Gablenz
deutlich ausgeprägt, da er mit richtigem Tacte schloß, daß von
Italien aus der erste gewaltige militairische Schlag geführt
werden würde. Sofort eilte er nach Verona, wo er vor der
Schlacht bei Santa Lucia eintraf. Von diesem Augenblicke
an wohnte er allen Schlachten des italienischen Feldzuges bei,
in welchem er zum Hauptmann im Generalstabe und später
zum Major avancirte.

Im Monat November desselben Jahres ersuchte Fürst
Windischgrätz den Grafen Radetzky um Zusendung einiger
Generalstabs=Officiere, in Folge dessen Major v. Gablenz,
nebst noch sieben anderen Officieren, den Befehl erhielt, sich
schleunigst ins Hauptquartier nach Schönbrunn zu begeben.
Hier wurde v. Gablenz bei der Armee in besonders wichtigen
Branchen verwendet, wobei seine vielfachen und gründlichen
militairischen Kenntnisse sowohl, wie seine besonnene und ruhige
Haltung in dem Augenblick der Gefahr sehr in die Wagschaale
fielen, so zwar, daß, als die Nachricht von der Gefangennahme
des Generalstabschefs im Schlick'schen Corps eintraf, Major
v. Gablenz in dieser Eigenschaft nach Kaschau an den Feld=
marschalllieutenant Graf Schlick abgesandt wurde.

Vom Beginne seiner jetzigen Thätigkeit, als Generalstabs=
chef im Schlick'schen Corps, bis zum Schlusse dieser fast welter=
schütternden Katastrophe blieb der Glücksstern unseres Helden
mit dem seines ritterlichen Führers eng verbunden. In 36
Aktionen (Schlachten, Treffen, Gefechten und Scharmützeln),
welche das Schlick'sche Corps während der beiden ungarischen
Feldzüge bestand, wurde v. Gablenz nur ein einzigesmal ver=
wundet, und zwar beim forcirten Uebergang über die Theiß,

hart an der abgebrannten Brücke von Tokay, wo ihn an der Seite seines Feldherrn eine Gewehrkugel am linken Oberschenkel verletzte. (Kurz vorher in Italien, bei der Brücke von Lodi, hatte Gablenz, durch einen Kartätschensplitter an der linken Ferse leicht getroffen, die erste Wunde erhalten.) Wie bekannt, gründete die berühmte Kaiserin Maria Theresia 1757, während des siebenjährigen Krieges, zur Belohnung der Officiere ihrer Armee für Treue, Tapferkeit und Klugheit, den nach ihr benannten „militairischen Maria=Theresia=Orden."

Wer diesen Orden, der auf Lebenszeit eine anständige jährliche Pension im Gefolge hat, verdienen will, muß gegen alle Befehle seiner Vorgesetzten aus dem Rahmen des Ganzen heraustreten und eine That ausführen, welche für die Armee einen bestimmten Vortheil und Nutzen zur Folge hat. Mißlingt das Unternehmen, so riskirt der Betreffende seine ganze Carrière, und kann durch das sofort gegen ihn eingeleitete peinliche Prozeßverfahren seine Stellung für immer, ja sogar seinen Kopf verlieren. Ein jeder Militair wird zugestehen, daß eine auf Kosten der Subordination und des allgemeinen Kriegsgesetzes ausgeübte Heldenthat vor Allem in erster Reihe strafwürdig ist, er muß aber im andern Falle das Ungewöhnliche einer solchen Institution dahin erklären, daß durch dieselbe keinem Officier — vom Lieutenant bis zum General — vor dem Feinde die Gelegenheit verschlossen bleibt, sich im günstigen Falle und auf eigene Faust außergewöhnlich auszuzeichnen. Freilich gehört sowohl zu einer solchen Gelegenheit, als auch zur Ausführung selbst, immerhin ein besonderes Glück, und dieses Glück, diese besonders günstige Gelegenheit bot sich unserm Helden in dem siegreichen Treffen bei Kaschau dar, welches gegen die Ungarn unter dem Oberbefehle des Exministers Mészáros (General Fleischer) geliefert worden ist. Major v. Gablenz führte den rechten Flügel, drang ohne strategische Direktion von Seiten des Corps-Commandanten, ja sogar gegen bestimmte, im entgegengesetzten Sinn lautende Befehle, einer vierfach überlegenen Macht unaufhaltsam entgegen, warf glücklich und mit großer Entschiedenheit den linken Flügel des Feindes zurück, machte sodann im günstig entscheidenden Augenblicke eine Schwenkung links, wobei er — des Feindes Centrum mit rapidem Ungestüm aufrollend — der Artillerie desselben durch rechtzeitige Besetzung eines Defilées die Rückzugslinie dergestalt abschnitt, daß 11 Kanonen und viele Bagage- und Munitionskarren den Siegern in die Hände fielen.

Für diese jedenfalls sehr kühne That kam sein Corps-Commandant, Graf Schlick, sowie viele Herrn des Corps beim Kaiser für Gablenz um das Theresienkreuz ein, welches ihm auch später vom Ordenscapitel zuerkannt und von seinem Monarchen verliehen worden ist. Eine ziemlich nahe liegende Folge dieser Heldenthat war auch sein bald darauf erfolgtes rasches Avancement vom Major zum Obrist. Am 11. Juli 1849 wurde nämlich Major Gablenz Obristlieutenant, und schon im December desselben Jahres Obrist im Dragoner-Regimente Prinz v. Savoyen.

Als sich im November 1850 in Folge der Zusammenkünfte von Bregenz und Warschau der politische Horizont wieder umwölkte und an einem gewaltsamen Zusammenstoße zwischen Oesterreich und Preußen kaum mehr zu zweifeln war, wurde Obrist v. Gablenz bei Gelegenheit der Mobilisirung und Zusammenziehung der Armee in Schlesien und Böhmen neuerdings dem Generalquartiermeisterstabe zugetheilt. In der

Hauptstadt der Monarchie, wo damals ein besonders reges militairisches Leben herrschte, kaum angelangt, wurde er zur Dienstleistung dem Ministerpräsidenten Fürsten Schwarzenberg zugewiesen, und von diesem sofort mit besondern Aufträgen nach Dresden entsendet. Auf diese Weise sah Obrist v. Gablenz nach mehrjähriger Entfernung seine Vaterstadt Dresden und seine Familie wieder. Von Mitte November bis zum 25. December blieb er daselbst unter interessanten Verhältnissen. In jene Zeit fiel die für Deutschland traurig-denkwürdige Katastrophe der Ministerzusammenkunft in Olmütz, welche der Politik von ganz Europa eine neue Gestaltung gab, und, statt der geträumten Schlachten, Gefechte und Siege, jene historisch bedeutsamen Conferenzen in Dresden zur Folge hatte. Bei diesen war v. Gablenz zugegen, und fand hier Gelegenheit, die damaligen Schicksalslenker sämmtlicher deutschen Staaten kennen zu lernen. Von Dresden aus bekam er eine Mission nach Kassel, dem derzeitigen Zankapfel der beiden Großmächte Deutschlands. Von dort ging er in gleicher Eigenschaft nach Hamburg und Berlin, und erst im Januar 1851 kehrte er nach Wien zurück. Im Februar wurde Oberst v. Gablenz wieder gänzlich dem Generalstabe einverleibt, und zwar unter seinem ehemaligen geschätzten Feldherrn, dem Grafen Schlick, welchem er im ungarischen Feldzug so treulich zur Seite gestanden.

Im Monat Mai befahl der Kaiser bei Gelegenheit der Ankunft des Czaren in Olmütz die Zusammenziehung des 2. Armee-Corps, bei welchem Obrist v. Gablenz als Generalstabschef fungirte. Hier war es, wo der ritterliche Kaiser Franz Joseph zum erstenmale den Säbel zog, um die größtentheils aus ungarischen Regimentern bestehenden Truppen seinem nordischen hohen Nachbarn und Gast in eigener Person vorzuführen. Obrist v. Gablenz erhielt den St. Wladimir-Orden und erfuhr die Auszeichnung, auf kaiserl. Befehl den Feldzeugmeister Baron v. Heß nach Rußland zu begleiten, um daselbst den großen Manövern, welche der Czaar vorbereitet hatte, beizuwohnen.

Boten diese Truppenzusammenziehungen an und für sich schon ein großes Interesse dar, so waren sie für den Obrist v. Gablenz jetzt doppelt willkommen, weil er die gemachten Bemerkungen, so wie seine Ansichten mit dem genialen Feldzeugmeister Heß austauschen konnte. Auch am kaiserlich russischen Hofe wurden die beiden Oesterreicher mit vieler Achtung und Zuvorkommenheit aufgenommen. Hier hatte v. Gablenz Gelegenheit, die einflußreichsten Männer der russischen Monarchie, so wie auch den jetzigen König von Preußen, den Kronprinzen und Prinz Albrecht, welche gerade anwesend waren, nebst deren Umgebung kennen zu lernen. Nach einem längeren Aufenthalt in Rußland kehrte v. Gablenz zurück und begab sich nach Brünn zu seinem Corps-Commandeur, dem Grafen v. Schlick.

Zu der großen Truppencontraction in Ungarn (Sept. 1852), wobei fast alle Armeen der europäischen Staaten durch höhere Officiere repräsentirt waren, wurde Obrist von Gablenz ins Hoflager berufen, und speciell dem Herzog von Parma zugetheilt. In Folge seiner dortigen Thätigkeit erhielt er von diesem Fürsten das Commandeurkreuz des Parmesanischen Constantin St. Georg-Ordens.

Im Frühjahre 1853 wurde v. Gablenz nach Wien beordert, und zwar als Director des statistischen Bureaus. Von diesem Augenblicke an tritt in dem Leben unseres Helden, wenn auch nur auf kurze Zeit, eine andere, nicht minder anerkennenswerthe Berufsthätigkeit hervor, welche geeignet ist, für seine

angeborenen Talente auch in geistiger und wissenschaftlicher
Hinsicht ein besonderes Interesse zu erregen. Oesterreich ist
ein großer und compakter Staat, welcher jedenfalls genug der
befähigten Kräfte besitzen muß, einen allerdings nicht gewöhn=
lichen Posten, wie den eines statistischen Directors, zu besetzen.
Obrist v. Gablenz muß also jedenfalls neben seiner individuell
kriegerischen Richtung seinen Vorgesetzten nicht minder Beweise
von theoretischer Ausbildung gegeben haben, um zu einem
solchen Amte berufen zu werden. Mit unermüdlichem Eifer
überwachte er die Arbeiten des Generalstabes, wobei ihm das
zur Verfügung stehende Kriegs=Archiv sehr zu Statten kam,
und widmete diesen Abschnitt seines Lebens ganz dem tiefern
Studium, dem Denken und Forschen in allen Zweigen höherer
militairischer Wissenschaft. In jene Zeit fällt auch seine Ver=
heirathung mit Helena, Baronin v. Eskeles.

Anfangs 1854 verdüsterte sich der politische Horizont
durch die auftauchende orientalische Frage. Die Allianz der
Westmächte gegen Rußland wurde alsbald zu einem fait ac-
compli, und die Mächte Europa's, gegen einander intriguirend,
buhlten wechselsweise um die Freundschaft Deutschlands, be=
sonders aber Oesterreichs. — Die politische Constellation der
Mächte gestaltete sich immer feindlicher, so daß, nachdem alle
Ausgleichungsversuche der Cabinette von Wien und Berlin
erfolglos geblieben waren, ja selbst die persönliche Verwendung
der beiden Monarchen kein Gehör gefunden hatte, indem Ruß=
land unabänderlich in seiner aggressiven Politik, resp. in der Be=
setzung der Donaufürstenthümer verharrte, Oesterreich gezwun=
gen wurde, zwei Armeen in Galizien, in der Bukowina und
in Siebenbürgen unter dem Oberbefehle des Feldzeugmeisters
Baron Heß aufzustellen. Bei dieser Gelegenheit wurde Obrist

v. Gablenz zum Generalmajor ernannt und erhielt das Commando der leichten Avantgardebrigade des 1. Cavallerie-Armeecorps, bestehend aus den beiden Regimentern Graf Schlick-Husaren, und E. H. Carl Ludwig-Uhlanen, sowie einer Cavallerie-Batterie, und marschirte sogleich an der Spitze dieser Truppen von Arad über die Karpathen nach Radautz in die Bukowina.

In Folge der entschiedenen Sprache Oesterreichs, seiner offenbaren Hinneigung zur westmächtlichen Allianz und seiner Truppenaufstellung an den Grenzen der Fürstenthümer und in den Flanken der russischen Armee, hielt es Kaiser Nicolaus, um einen gewissen Zusammenstoß mit Oesterreich zu vermeiden, für gerathen, die Truppen aus den Fürstenthümern in seine eigenen Lande hinter den Pruth zurückzuziehen. Oesterreich dagegen hatte sich den Westmächten und der Pforte gegenüber verpflichtet, mit einem aus 9 Brigaden bestehenden, dem sogenannten Serbisch-Banater, Armee-Corps, unter Commando des F.-M.-L. Graf Coronini, die Fürstenthümer zu besetzen und zu behaupten, wodurch die Westmächte von Bessarabien aus sicher gestellt wurden und ihre sämmtlichen Streitkräfte disponibel erhalten konnten, um die denkwürdige Krimexpedition, resp. die Belagerung von Sebastopol zu unternehmen. So schied denn auch Mitte September die Brigade Gablenz aus ihrem bisherigen Verbande des 1. Cavallerie-Corps und überschritt mit dem Serbisch-Banater Armee-Corps, nur in zwei Märschen Entfernung den Russen folgend, sich geradezu auf Jassy dirigirend, die Grenze der Moldau. Durch die bald erfolgte Besetzung der moldauischen Hauptstadt war somit die Occupation der Fürstenthümer ohne Zusammenstoß mit Rußland vollendet. F.-Z.-M. Baron Heß entsendete daher den

G.-M. Gablenz mit dieser erfreulichen Kunde nach Wien, wo ihm die große Freude zu Theil wurde, von seiner Gattin mit einem Sohne beschenkt zu werden. Nach einem vierwöchentlichen Aufenthalte daselbst (welchen indessen der Tod seines Kindes wesentlich trübte) kehrte er wieder zu seiner früheren Bestimmung nach Jassy zurück.

Unter den bis jetzt noch wenig gewürdigten, sehr schwierigen Verhältnissen während einer zweijährigen Besetzung der Fürstenthümer, wurde dem G.-M. Gablenz in der zweiten Hälfte der Occupation ein sehr wichtiger Wirkungskreis angewiesen, indem derselbe, an Stelle des F.-M.-L. Graf Paar mit den Functionen eines Truppen-Commandanten betraut, nicht nur alle politischen Verhandlungen mit der moldauischen Regierung zu führen, sondern auch die militairischen mit den russischen Befehlshabern in Bessarabien zur Austragung der Grenz- und Cordonstreitigkeiten zu besorgen, endlich die namenlos schwierigen Verwicklungen mit den Consuln der Fremdmächte auszugleichen, sowie auch eine directe Correspondenz mit dem Internuntius Baron Prokesch in Konstantinopel zu führen hatte.

In welcher Weise v. Gablenz diesen mannigfachen Anforderungen als Soldat, Diplomat, sowie als höchster Civilbeamter, zu entsprechen und zu genügen wußte, beweisen viele anerkennende und vertrauliche Schreiben seines Corps-Commandeurs, sowie des Internuntius, vor Allem aber ein hohes Präsidial-Decret, welches ihm in den schmeichelhaftesten Ausdrücken bekannt giebt, wie seine bisherige so erfolgreiche Thätigkeit zur allerhöchsten Kenntniß gebracht und rühmlichst anempfohlen sei. Der Medschidie-Orden III. Classe wurde ihm in Anerkennung seines verdienstlichen Wirkens von Seiten der Pforte verliehen.

Im November 1856 kehrte v. Gablenz nach Wien zurück, und wurde von hier aus zur Uebernahme einer Brigade nach Tarnow beordert; doch wurde er schon im März 1857 in gleicher Eigenschaft nach Triest versetzt, wodurch er natürlich neuerdings in den Verband der italienischen, nunmehr zweiten Armee trat.

Zur Zeit des berüchtigten Neujahrswunsches 1858, welchen der französische Imperator dem österreichischen Botschafter Baron Hübner zu Paris abstattete, war v. Gablenz — nach manchem Wechsel mit kleinern und größern Garnisonen im Venetianischen — zu Verona stationirt.

Das große Aufsehen, welches obenerwähntes Ereigniß in Europa machte, mußte — wie natürlich — eine besondere Rückwirkung auf Italien haben, und ganz besonders auf die in diesen Provinzen sich befindende österreichische Armee.

Die Folgen ließen nicht lange auf sich warten, und die österreichische Armee sah sich sehr bald veranlaßt, die in Italien befindliche zweite Armee durch ein Armeecorps zu verstärken, was jedoch Piemont sogleich mit der Mobilisirung seiner Gesammtstreitkräfte unter Anwerbung von Freischaaren beantwortete.

Die Anstrengungen der Diplomatie sämmtlicher Großmächte erwiesen sich als fruchtlos, weil die Aufregung in ganz Italien eine solche Ausdehnung und Höhe gewonnen hatte, daß eine Beruhigung des Volkes im Normalwege nicht mehr möglich schien; ferner ward auch die Mobilisirung der französischen Armee, zwar ohne Aufsehen zu erregen, mit höchster Thätigkeit betrieben, deßhalb mußte ein Gleiches mit der österreichisch-italienischen Armee geschehen, und schon Mitte März waren riesige Kriegsvorbereitungen theils beendet, theils im vollen Gange.

In den ersten Tagen des genannten Monats marschirte v. Gablenz mit seiner Brigade von Verona ab und nahm sein Standquartier bis auf weitere Befehle in Brescia.

(Wenige Tage vor diesem Ausmarsche, gleichsam dem ersten Anfange des italienischen Krieges, wurde der General zu Verona durch die Geburt einer Tochter erfreut; der älteste lebende Sohn wurde 1856, der zweite im Herbst 1857 geboren.)

Ende April hielt es die österreichische Regierung an der Zeit, dem falschen hinhaltenden Spiele Frankreichs durch einen entschiedenen Schritt ein Ende zu machen, und es erfolgte das von so vielen Seiten getadelte Ultimatum an Piemont. Um demselben den nöthigen Nachdruck zu geben, ward die Armee auf's Engste zunächst der piemontesischen Grenze concentrirt, und an jenem vielbedeutenden 1. Mai — nachdem das Ultimatum von Piemont zurückgewiesen worden war — wurde der Ticino überschritten und dadurch jeder ferneren diplomatischen Intervention ein Ende gemacht.

Es ist hier durchaus nicht der Ort, irgend eine specielle Schilderung der erschütternden Ereignisse zu geben, welche der ohnehin ziemlich bekannte italienisch-französische Krieg in seinem Gefolge hatte; ich beschränke mich darauf, die Person unseres Helden bis zum Abschluß des Feldzuges zu begleiten.

G.-M. v. Gablenz war der Erste, gegen den Feind am weitesten Vorgeschobene, welcher bei Casale mit beispielloser Kühnheit, gegen alle Befehle seines Commandeurs, durch eine, nach angestrengtem zwölfstündigen Marsche, in der

Nacht glücklich unternommene Recognoscirung den italienischen Feldzug eröffnete.

Nach mehrfach unnützen, die Truppen sehr ermüdenden Hin= und Hermärschen, deren Endresultat eine Räumung des rechten Sesia=Ufers war, finden wir den General Gablenz mit seiner Brigade in Vercelli, diesen einzigen Punkt am rechten Sesia=Ufer gleichsam als verlorner Posten besetzt haltend.

Dies zu beweisen, bedarf es nur der Erwähnung, daß die 20,000 Einwohner Vercelli's, in Folge der starken und über= aus drückenden Contributionen, in ihren heiligsten Interessen noch überdies empfindlich getroffen, gegen jeden österreichischen Soldaten höchst feindlich gesinnt sein mußten.

Die einzig mögliche Verbindung mit dem Gros der Armee (respective die Rückzugslinie) war über die Eisenbahnbrücke, welche indessen nach ihrer Lage ein langes und sehr gefährliches Defilée bildete. Außer diesen strategisch, politisch und geogra= phisch ungünstigen Verhältnissen ist noch zu bemerken, daß Gari= baldi mit seinen Freischaaren nördlich in Gattinara stand, wäh= rend San Germano, an der Straße von Turin nach Vercelli liegend, von der piemontesischen Armeedivision Cialdini besetzt war, endlich südlich in Casale französisch=piemontesische Corps sich befanden, welche somit von drei Seiten, unter den vortheil= haftesten Voraussetzungen, jeden Tag einen combinirten Angriff auf Vercelli zu unternehmen in der Lage waren. Die Brigade Gablenz mußte indessen still halten, denn sie war, wie schon er= wähnt, ein aufgegebener Posten.

In solcher fast verzweiflungsvollen Lage mußte v. Gablenz volle 7 Tage ausharren, fortwährend durch Allarmirungen bei Tag und Nacht belästigt und in Athem gehalten. Wie Spions= nachrichten lauteten, sollte für den 18. ein combinirter An=

griff auf Vercelli beschlossen worden sein, der indessen nicht zur Ausführung kam, weil die verbündeten Generale Fanti (Franzose) und Cialdini (Piemontese) bei einer Zusammenkunft in Trino sich wegen verschiedener Ansichten fast in die Haare gefahren. Inzwischen gelangte an die Brigade Gablenz der Befehl, am 19. in aller Stille Vercelli zu räumen, die steinerne Brücke über die Sesia zu sprengen, und unter Zurücklassung einer Halbbrigade am linken Ufer zur Beobachtung des Flusses nach Mortara abzumarschiren. General Gablenz wurde demnach gleichsam gegen seinen Willen durch Armee-Oberbefehl gezwungen, seine allerdings gefährliche, aber immerhin zur besondern Auszeichnung geeignete Position zu verlassen. Er rückte in der Nacht mit dem Reste seiner Brigade in das Hauptquartier des Corps nach Mortara. Dadurch hörte natürlich seine selbstständige Thätigkeit auf, denn sein ferneres Wirken in diesem Feldzuge war abhängig von dem Befehle seines Divisions-Commandeurs, des F.=M.=L. Baron v. Reischach, unter dessen Befehl seine Brigade fortan gestellt war.

Die Rast, welche der in so angestrengtem Dienste gestandenen Truppe in zweiter Linie werden sollte, und welche derselben auch gewiß nothwendig war, blieb von keiner langen Dauer, denn wiederholte allarmirende Gerüchte, so wie feindliche Angriffe der Vorposten längst der Sesia, veranlaßten erneuerte, sehr ermüdende und dennoch resultatlose Hin= und Hermärsche.

Am 23. wurde die Brigade Tondorf, welche bei Candia stand, durch die Division Reischach abgelöst, und der Feind, welcher über die Sesia bereits eine Brücke geschlagen hatte, nach ziemlich bedeutendem Verluste genöthigt, sein Unternehmen aufzugeben, und sich zurückzuziehen. Besonders wirksam er=

wiesen sich an diesem Tage die Büchsen der Tyrolerschützen, sowie nicht minder eine Raketenbatterie, welche durch den General v. Gablenz so verdeckt an den Feind gebracht wurde, daß ihre überraschende Wirkung die größte Unordnung in seinen Reihen hervorbrachte, und er es von diesem Augenblick an nie mehr versuchte, einen Flußübergang zu unternehmen. General v. Gablenz, welcher die Raketenbatterie und die Jäger selbst anführte, wurde während dieser Aktion durch das persönliche Eintreffen seines Corpscommandanten F.-M.-L. Baron Zobel überrascht und öffentlich in einem besonderen Corpsbefehl belobt.

In dieser verhängnißvollen Unthätigkeit, welche die Truppen, ohne irgend ein Resultat zu erzielen, dennoch sehr anstrengte, verblieb die Brigade Gablenz bis zum 2. Juni, an welchem Tage sie mittelst eines Gewaltmarsches von der Sesia über Mortara und Vigevano bis an den Ticino zurückgeschoben wurde. Spät in der Nacht erst eingerückt, wurde nach wenigen Stunden der Ruhe am 3. Juni der Rückmarsch in der glühendsten Sonnenhitze über Abiate grasso fortgesetzt, die Division Reischach in Ca Cerello concentrirt und zur Disposition des F.-M.-L. Graf Clam gestellt.

Am 4. Juni, gegen 9 Uhr Morgens, dem verhängnißvollen Schlachttage von Magenta, begann in der Richtung von Buffalora Gewehrfeuer, welches nach und nach ziemlich lebhaft wurde. Die Division kochte ab, und hielt sich marschbereit. Jeder Einzelne hatte das Vorgefühl, daß der Tag der Entscheidung endlich gekommen sei, und daß derselbe ein heißer und blutiger werden würde. Nach 12 Uhr Mittags traf vom Grafen Clam der Befehl zum schleunigen Abrücken nach Magenta ein, und $1/2$ Stunde später war Gablenz mit seiner Brigade im vollen Marsche; um 2¼ Uhr erreichte die Tête der Colonne bereits Magenta, allwo das Gefecht gerade in diesem Augenblick eine für die österreichische Armee sehr ungünstige Wendung genommen hatte. Das 1. und 2. Corps war im vollen Rückzuge begriffen, die Verwirrung im Orte Magenta selbst unbeschreiblich. Die Division Reischach, also auch die Brigade Gablenz, erhielt die Aufgabe, sich jenseits Magenta aufzustellen und den Rückzug zu decken, und während F.=M.=L. Reischach die Leitung des rechten Flügels übernommen hatte, befehligte General Gablenz den linken. Unser Held erkannte sehr bald die Gefahr, lange in defensiver Haltung zu verbleiben, weil nur zu leicht die in unthätiger Ruhe aufgestellte eigene Truppe von den Zurückweichenden mit fortgerissen werden konnte; er ging daher zur Offensive über, dem siegestrunkenen Feinde mit rapider Gewalt entgegenstürmend, und gewann über ihn — allerdings mit empfindlichem Verluste — entschiedene Vortheile, indem er ihn bis über den Naviglio zurückwarf. Jetzt schwankte das Gefecht mit wechselndem Erfolge, allein General Gablenz stürmte dreimal das Zollhaus Ponte nuovo di Magenta, warf die Franzosen jedesmal hinaus, und würde zum dritten Male, wobei die eroberten feindlichen Kanonen von den österreichischen Soldaten umgekehrt und mit Erfolg gegen den Feind entladen wurden, seine Stellung gewiß behauptet haben, wenn Mac Mahon vom rechten Flügel aus seine Flanke nicht entschieden bedroht hätte.

Durch diese heroische und opferfreudige That hat General Gablenz den siegestrunkenen und im Verfolgen begriffenen, zehnfach überlegenen Feind zum Stehen gebracht, den eiligen Rückzug der eigenen Armee gedeckt und ihr auf diese Weise einen fast unberechenbaren Verlust erspart.

General Gabler; stürmt zum dritten Male Ponte nuovo di Magenta.

II.
Der deutsch-dänische Krieg 1864.

Am ersten October 1863 beschloß der deutsche Bund die Inpfandnahme des Herzogthums Holstein durch zwei Bundescommissaire, und resolvirte hiebei: „die höchsten Regierungen von Sachsen und Hannover zu veranlassen, den Civilcommissairen eine Truppenabtheilung von etwa 6000 Mann — in zwischen ihnen zu verabredender Zusammensetzung — beizugeben, zugleich aber auch die höchsten Regierungen von Oesterreich und Preußen zu ersuchen, in Gemeinschaft mit denen von Sachsen und Hannover, zur sofortigen Unterstützung der gedachten Truppenabtheilungen, in dem Falle einer thatsächlichen Widersetzlichkeit gegen die Exekutionsvollstreckung, noch überlegenere Streitkräfte bereit zu halten" u. s. w. Bald darauf erfolgte zwischen den vier deutschen Regierungen: Oesterreich, Preußen, Sachsen und Hannover eine definitive Verständigung über diesen Beschluß, welche der Bundestag mittelst Rescripts, d. d. Frankfurt 7. December 1863, dahin begutachtete, „daß den genannten vier Regierungen die geeignete Eröffnung an die k. dänische Regierung, sowie — nach Maßgabe der inzwischen von ihnen getroffenen militairischen Verabredungen — auch die Ausführung jener Maßregeln anheim zu geben sei." — Was die zwischen den vier Regierungen verabredete Verständigung anbetrifft, so wurde einestheils festgesetzt, daß Oesterreich und

Preußen eine erste Reserve von je 5000 Mann an den holsteinischen Grenzen aufzustellen, und dieselben, behufs ihrer schleunigen Heranziehung, unter den Oberbefehl des sächsischen Generals v. Haake zu stellen hätten; anderntheils aber hätten die beiden Regierungen (Oesterreich und Preußen) — für den Fall, daß die dänische Regierung durch fernere feindliche Haltung die Bedrohung des Herzogthums Holstein und dadurch gewisse größere Conflicte herbeiführen sollte — noch überlegenere Streitkräfte von mindestens je einem Armeecorps ins Feld zu stellen, über dessen gemeinsamen Oberbefehl die beiden Großmächte sich unter einander verständigen sollten.

Am 23. und 24. December v. J. rückten die ersten Sachsen und Hannoveraner in Wandsbeck und Altona ein, und es erfolgte an beiden Tagen und in beiden holsteinischen Städten die jedenfalls denkwürdige Proklamation des kronberechtigten Herzogs von Augustenburg, welche zu jener Zeit von Preußen und Oesterreich mit ziemlich ängstlichen, ja theilweise mißbilligenden Blicken angesehen wurde, während heute freilich die Sache anders steht und unsere Herren Diplomaten, die gewaltigen Steuerleute des deutschen Volksschiffes, daraus die unbestreitbare Lehre schöpfen müssen, daß der wahre Volksgeist jedenfalls mehr Tragkraft besitzt, als man ihm bisher zugetraut hatte.

Es hat somit die unmittelbare Exekution in Holstein ohne Widerstand stattgefunden, und die preußisch-österreichischen Truppen, welche damals die erste Reserve bildeten, wurden theilweise im Süden Holsteins und auf dem angrenzenden neutralen Boden dislocirt.

Nachdem Preußen und Oesterreich im Monat Januar d. J. im weiteren Verlauf der Ereignisse die gemeinsame Occupation des Herzogthums Schleswig beschlossen hatten, schickten sie sich an, diese und andere ihrer Heeresabtheilungen auf den beiden Verbindungswegen Hamburg und Lübeck nach Schleswig vorzuschieben.

In den letzten Tagen des Januar 1864 concentrirte sich demnach das österreichische Corps in der Gegend vor Neumünster, während das preußische, den rechten Flügel bildend, um Plön stand. Am 31. Januar war die Stellung des österreichischen Corps zwischen Kluvensiek und Rendsburg südlich an der Eider, seine Spitzen bis an den Fluß vorgeschoben. Von Seiten des Bundes war durch die ursprüngliche Bestimmung einer preußischen Brigade nach Lübeck und einer österreichischen nach Hamburg diese erste Ordnung der Aufstellung gleichsam vorgeschrieben, indessen wäre es immerhin geboten gewesen, mit den eigentlichen Operationen nicht früher zu beginnen, als bis der Aufmarsch des österreichischen Corps am südlichen Eiderufer vollendet war. Politische Gründe haben den Feldmarschall Wrangel veranlaßt, früher, als strategisch gerechtfertigt erscheint, die Grenze zu überschreiten und den rechten Flügel über das nördliche Eiderufer vorzuschieben. Wenn man diese, allerdings nur einen kurzen Feldmoment anhaltende, durch die Eider selbst aus jedem augenblicklichen engern Zusammenhange gerissene Stellung betrachtete, konnte man sich einer gewissen Besorgniß nicht erwehren, und mußte schließlich, wie wahrscheinlich auch der Feldmarschall, in blindem Vertrauen sich damit trösten, daß der Däne vor dem berüchtigten Dannewerk wohl nicht Stand halten dürfte. Eine von den Dänen im Herzogthum Schleswig ausgeschriebene große Contribution, die zum 1. Februar eingebracht werden sollte, hat den Marschall wahrscheinlich veranlaßt, so schnell wie möglich einzurücken.

Feldmarschall Wrangel, der sich zur Zeit in Rendsburg befand, ließ am 31. Januar an den dänischen General de Meza die schriftliche Aufforderung ergehen, „das Herzogthum Schleswig zu räumen." General de Meza hingegen erklärte in seinem Antwortschreiben ungefähr, „daß er hiezu von seiner Regierung nicht ermächtigt sei, daß er aber bereit und kampfgerüstet stehe, Gewalt mit Gewalt zu vertreiben." Hierauf erließ der Feldmarschall sofort an beide Armeecorps den Befehl: am andern Morgen um 7 Uhr die Eider zu überschreiten, und Alles, was entgegenstände, zurückzuwerfen.

Am 1. Februar wurde dieser Befehl ausgeführt, und mit diesem Tage beginnt der deutsch=dänische Feldzug. Gegenüber Rendsburg nur sehr schwach gerüstet, hatten die Dänen beim ersten Schusse ihre Stellung geräumt und sich eiligst zurückgezogen, indem sie hiebei die Brücke über die kleine „Sorge" zerstörten.

Das österreichische Corps mußte laut seiner Disposition für den ersten Tag hier halten, während das preußische, dem sich stärkere Abtheilungen entgegenstellten, dieselben zurückdrängend, Eckernförde genommen hatte und gegen zwei im Hafen befindliche Kriegsschiffe einen so glücklichen Geschütz=kampf einging, daß die von mehreren gutgezielten Schüssen der preußischen Batterie getroffenen dänischen Schiffe schon nach $^3/_4$ Stunden eiligst das Weite suchten. Am Abend dieses Tages bildeten die Oesterreicher das Centrum der Armee, und hatten die preußische Gardedivision als linken Flügel.

Am 2. Februar sollten sich laut Armeeoberbefehl alle drei Points (rechter, linker Flügel und Centrum) an dem nördlichen Eiderufer concentriren, und zwar der rechte Flügel (preußisches Corps) zwischen Eckernförde und Wittensee, das Centrum (österreichisches Corps) zwischen Wittensee und der Eisenbahn, der linke Flügel endlich (die preußische Gardedivision) zwischen der Eisenbahn und Hohn.

Prinz Friedrich Carl schob sogleich in Ausführung dieser Disposition seine Avantgarde nebst einem großen Artillerie-Park bis Missunde vor, beschoß die südlich der Schlei liegenden Schanzen und versuchte unter dem Mantel dieses Geschütz-kampfes einen Uebergang über die Schlei ausfindig zu machen. Hier tritt zum erstenmal jener fühlbare und im Verfolg sich häufig geltend machende Mangel auf Seiten der Verbündeten hervor, daß man von vornherein durchaus nicht an den Ernst der Sache geglaubt, daher manches, was zur genauen Kenntniß des Terrains gehörte, verabsäumt hatte, weil man sonst ohne Zweifel gleich auf die geeignetste Stelle bei Cappeln gekommen sein müßte.

Nach einem heftigen mehrstündigen Geschützkampfe, welcher gegen 1 Uhr Mittags begann und bis nach 4 Uhr dauerte, und bei welchem diesseits an Todten 3 Officiere und 20 Mann, an Verwundeten 9 Officiere und 147 Mann zu beklagen sind, hatte der Prinz seine Recognoscirung vollzogen, und die bereits zum Sturme bereitstehenden Abtheilungen zurück und in Cantonnirungen dirigirt, weil er sich überzeugte, daß hier der Uebergang wenigstens nicht ohne allzugroße Opfer zu bewerkstelligen sei.

Am 2. wurde das Hauptquartier nach Damendorf verlegt; das preußische Corps erhielt Disposition, mit seinen Vorposten vor Missunde stehen zu bleiben, während das österreichische Corps und die Gardedivision angewiesen wurden, in der Richtung nach dem Königsberg vorzugehen, eventuell ihre beiderseitigen Vorposten von Fahrdorf über Nieder- und Oberselk nach Jagel und Alt-Bennebek vorzuschieben. Man präsumirte bei dieser getroffenen Disposition vor Allem, daß der Feind ein auf freiem Felde gebotenes Engagement nicht acceptiren, sondern nur in der festen Dannewerk-Stellung Widerstand leisten würde. Diese Voraussetzung trog, da die Brigade Gondrecourt, bei ihrem um Mittag begonnenen Vormarsche zwischen Lottorf und Geltorf, auf eine feindliche Brigade (ungefähr 6 Bataillone Infanterie, 2 Eskadrons Dragoner und etwa 4 Geschütze) stieß, die, wie später bekannt wurde, die noch im Bau begriffenen vorderen Schanzen zu vertheidigen hatte. Niemand ahnte etwas von einem so nahe bevorstehenden Kampfe, und als Feldmarschall-Lieutenant v. Gablenz um $12^{1}/_{2}$ Uhr an der im Marsche begriffenen Brigade-Colonne vorbeiritt, sind ihm die lautesten Acclamationen bis an die Tête gefolgt. Kaum dort angelangt, entdeckte er auch sofort den Feind in seinen Positionen, und sogleich traf Gondrecourt seine Disposition zum Angriff, welchen der Feind etwa um 2 Uhr mittelst gut unterhaltenen Gewehr- und Geschützfeuers introducirte. Das 18. Jägerbataillon, sowie das Regiment „Martini" kamen zuerst ins Feuer und bald erkannte v. Gablenz, daß er es mit einem hartnäckigen Feinde zu thun, aber auch den ersten und nachhaltigsten Eindruck auf ihn auszuüben habe. Die starken Positionen der feindlichen Abtheilungen mußten demnach unter allen Umständen vor Einbruch der Nacht genommen werden, und es entwickelte sich um 3 Uhr Nachmittags ein in der That heißer und blutiger Kampf, der von Seiten der Oesterreicher mit bewundernswerther Bravour meist mit dem Bajonette geführt worden ist. Die ganze Brigade Gondrecourt, später noch unterstützt durch das 9. Jägerbataillon (der als Reserve folgenden Brigade Nostiz zugehörig), war alsbald auf allen

Seiten engagirt, stürmte von Position zu Position, machte viele Gefangene, eroberte ein Geschütz, nahm das feste Ober=Selt und erstürmte gleich darauf den dahinter liegenden berühmten Königsberg, in dessen Besitz sie bei vollständig eingetretener Nacht gelangt war. Die Tapferkeit der Officiere wie Soldaten war beispiellos und v. Gablenz hatte sein für den ganzen spätern Feldzug so wichtiges Ziel erreicht, indem die österreichische Armee bei diesem ersten Entrée auf den Feind jenen unverwischlichen Eindruck von seltener Todesverachtung und einer besonders volubilen Rapidität hervorbrachte. Freilich waren auch die Opfer nicht gering, denn der Tag kostete den Oesterreichern an Todten und Verwundeten 30 Officiere und über 500 Mann, die Dänen verloren über 100 Gefangene und nahe an 600 Todte und Verwundete.

Feldmarschall=Lieutenant v. Gablenz begab sich nach Beendigung des Tagewerkes auf Befehl nach dem Hahnenkruge, wo von Seiten des Oberkommandos an die drei kommandirenden Generale, Prinz Friedrich Carl, v. Gablenz und v. d. Mülbe (nebst ihren Generalstabschefs) die für die nächsten Tage zu treffenden Dispositionen ertheilt wurden. Man wollte nach den angestellten Recognoscirungen einerseits die Behauptung aufstellen, daß der Angriff auf die südliche Front des Dannewerks im Allgemeinen nur im Wege einer normalen Belagerung möglich wäre, anderntheils wurde das Princip der Umgehung in den Vordergrund gestellt. Das letztere gewann insofern das Uebergewicht, als Feldmarschall Wrangel den vom Prinzen Friedrich Carl vorgeschlagenen Uebergang bei Arnis (respektive Umgehung des Dannewerks) zur Effektuirung anbefahl. —

Am 3. wurden von Abtheilungen des linken Flügels und des Centrums Special=Recognoscirungen vorgenommen, deren

Resultat eine andere, auf dem rechten Flügel von Seiten des Prinzen Friedrich Carl unternommene zur Folge hatte, und es wurde der Königsberg als der einzige Punkt erkannt, von welchem aus man die übrigen Schanzen beobachten und theilweise wirksam beschießen konnte; die mittlerweile in Rendsburg eingetroffenen 12 gezogenen zwölfpfündigen Kanonen wurden zu seiner Armirung bestimmt und gleichsam dem österreichischen Corps zur Dienstleistung zugetheilt. Ein Gleiches geschah mit der am 3. bei Fahrbach eingetroffenen gezogenen preußischen Sechs-Pfünder-Batterie, welche am 4. bei Schleswig Gelegenheit hatte, sich besonders auszuzeichnen, an welchem Tage die am südlichen Ufer in zweiter Linie stehende österreichische Brigade „Thomas", und namentlich das 11. Jäger-Bataillon und das Regiment Coronini durch die vom Mövenberge mit besonderer Genauigkeit herübergesandten Geschosse in große Gefahr gerathen war. Die preußische Batterie, in Verbindung mit der österreichischen, brachte die feindliche Batterie trotz des ungünstigen Wetters, welches keine genaue Beobachtung der Schüsse zuließ, dennoch zum Schweigen, und beide Batterie-Commandanten wurden in Folge dieser That von ihren Monarchen besonders ausgezeichnet. Schon in der Nacht vom 3. auf den 4. begann es zu frieren und bald darauf stark zu schneien, und zwar derart, daß in den nächsten Tagen die Chaussee spiegelglatt und die von Gräben, Hecken und Wällen eingerahmten Wege mehr als fußhoch mit Schnee bedeckt wurden. Es konnte an der Batterie auf dem Königsberge auch nicht gearbeitet werden, weil selbst gegen einzelne Arbeiter aus den gegenüberliegenden Schanzen ein heftiges Geschützfeuer unterhalten wurde, und der gefrorene Erdboden jede Arbeit außerordentlich erschwert hatte.

Während dieser Zeit befand sich der König von Dänemark im Dannewerk, und seine Anwesenheit mochte wohl auf die dänischen Truppen jenen Einfluß von besonderer Tapferkeit und Hartnäckigkeit bei Gelegenheit des am 2. stattgehabten Gefechtes ausgeübt haben; wie später in Erfahrung gebracht, fand am 3. im Dannewerk der erste und am 4. der zweite Kriegsrath unter Vorsitz des Königs statt, bei welchem derselbe sich offen dahin erklärt haben soll: daß die großartigen Werke, wenn sie nicht von einer ebenso großartigen, numerisch hinreichenden Truppe vertheidigt wären, schließlich nur zum offenen Grabe der Armee dienen würden. Dieser Ansicht soll sich auch de Meza angeschlossen haben, was, wie bekannt, die Veranlassung zu einem berüchtigten Auflauf des kopenhagener Pöbels gegeben hat. Den äußeren Vorkehrungen nach zu schließen, schien aber der Feind zu einer hartnäckigen Vertheidigung entschlossen zu sein und vollendete am 4. Vormittags eine vor Schanze Nr. 11 neuangelegte Vorschanze. Dieß Alles, sowie die Ergebnisse noch weiter unternommener Recognoscirungen bestimmten den Feldmarschall Wrangel zu der Disposition, daß das preußische Corps — unter Zurücklassung seiner Vorposten vor Missunde — in der Nacht vom 5. zum 6. bei Cappeln den Uebergang über die Schlei auszuführen, sich hierauf nach Schleswig und im Verfolg der Bewegung mit einer Brigade nach Flensburg zu werfen habe, während eine Brigade Oesterreicher bestimmt wurde, nach Weseby zu marschiren, um im Falle der Noth die vor Missunde zurückgelassenen preußischen Vorposten zu unterstützen. Das Gros der österreichischen Armee, sowie die Gardedivision, hatte Befehl, am 6. früh einen combinirten Scheinangriff auf die Schanzen zu unternehmen. Dem preußischen Corps wurde für den Fall, daß sich der Schleiübergang als absolut unmöglich erweisen sollte, anbefohlen, sogleich links auf Kosel abzumarschiren, um sodann in den nächsten Tagen, vereint mit den Oesterreichern, den Angriff auf die Dannewerksfronte zu beginnen. Dem Feldmarschall=Lieutenant v. Gablenz, dessen Haupt= quartier in Lottorf stand, wurde für den Fall der Abwesenheit Wrangel's der Oberbefehl auch über die Gardedivision über= tragen, und außerdem ein Ordonanz=Relais nach allen Rich= tungen unterhalten, um an die verschiedenen Commandeure die Nachricht des etwa geglückten Brückenschlages so schnell wie möglich gelangen zu lassen.

Bis zum 5. bivouakirte ein großer Teil der österreichischen Truppen, trotz des anhaltend schlechten Wetters, schon die zweite Nacht um und vor dem Königsberg, auf welchem auch in der Nacht vom 5. zum 6. die Batterie fertig und mit preußischen zwölfpfündigen Geschützen armirt ward. Hievon sind die Dänen schon am 5. Abends in Kenntniß gesetzt worden und General de Meza berief zur Stunde den letzten und ent= scheidenden Kriegsrath. Der König hatte schon früher das Dannewerk verlassen, weßhalb de Meza im Kriegsrathe des Königs Willen repräsentirte. Mit acht gegen eine Stimme wurde die sofortige Räumung der Dannewerkstellung sowie der Rück= zug auf Flensburg, respektive Düppel, beschlossen, und um 8 Uhr Abends, also kaum $1^{1}/_{2}$ Stunden nach der Beschlußnahme, ver= ließ schon die Avantgarde jene von Dänemark mit so unsäg= lichen Kosten und Mühen erbaute babylonische Mauer ohne Schwertstreich. —

Des schlechten Wetters und der finstern Nacht wegen konnten unsere Vorposten diesen Abzug nicht bemerken, umso= mehr als ihnen selbst auch bei Tage keine Soldaten, sondern nur Schanzen gegenüber standen, hinter welchen die Feinde sich verborgen hielten. Endlich nach Mitternacht kamen einige Einwohner von Schleswig bei den österreichischen Vorposten an, und theilten den Abzug der Dänen aus ihren festen Schanzen diesen mit, welche sich sogleich von der Richtigkeit dieser Angaben überzeugten und dem F.-M.-L. v. Gablenz Meldung erstattete, selbst aber ohne Verzug gegen Schleswig vorrückten.

F.-M.-L. v. Gablenz sandte um 4½ Uhr Morgens von Lottorf aus einen Courier mit dieser Meldung an den Feldmarschall nach Damendorf, ließ eine ähnliche Meldung auch an den General v. d. Mülbe, mit der Aufforderung zur gemeinsamen ungesäumten Verfolgung, ausfertigen und bereitete sein Corps zum sofortigen Abmarsch vor.

Leider ist durch ein Versehen in der österreichischen Corpskanzlei diese an General v. d. Mülbe bestimmte Depesche nicht abgegangen, und erst mit Tagesanbruch entdeckten die Vorposten der Gardedivision, daß die Dänen ihre Schanzen verlassen hatten. Um 10 Uhr Morgens setzte sich die Division in Bewegung auf dem sogenannten Ochsenwege, welcher bei Arenholz in die Schleswig-Flensburger Chaussee einmündet, dann aber wieder westlich von ihr abbiegt.

Von Seiten des Feldmarschalls Wrangel ergingen nach Einlauf jener Meldung an die drei betreffenden Abtheilungs-Commandanten durch Ordonnanzofficiere die weitern Dispositionsbefehle (also auch an den General v. d. Mülbe), den Feind in der Richtung nach Flensburg hin zu verfolgen. Um 9 Uhr früh erreichte F.-M.-L. v. Gablenz mit den Brigaden Nostiz und Gondrecourt Schleswig, woselbst er um 10 Uhr mit Sr. königl. Hoheit dem Kronprinzen von Preußen und mit dem Feldmarschall Wrangel eine kurze Zeit conferirte und sich dann mit den beiden Brigaden um 10½ Uhr auf der Chaussee nach Flensburg hin wieder in Bewegung setzte. Etwa über eine Meile weit begleitete der Feldmarschall die Oesterreicher, und war der Meinung, daß es heute wohl nicht mehr gelingen werde, den Feind zu erreichen, und daß, wenn er endlich auch eingeholt würde, ohne Mitwirkung der Seiten=Colonne (Garde=division) eben keine großen Vortheile errungen werden könnten. Diese Seiten=Colonne aber, welche um diese Zeit kaum die Höhe von Schleswig erreicht hatte, wurde allerdings von den verschiedenen Ordonnanzen gar nicht aufgefunden, und von Sr. königl. Hoheit Prinz Friedrich Carl langte bis zur Stunde auch noch keine ergänzende Nachricht an. F.=M.=L. v. Gablenz hingegen kannte seine Truppen zu genau, um nicht der Ueberzeugung zu sein, noch heute Flensburg erreichen und besetzen zu können, weßhalb er auch bei dem Feldmarschall für diese seine Ansicht in die Schranken trat; jedoch vergeblich, denn derselbe ertheilte den bestimmten Befehl, die österreichischen Vorposten für heute nicht weiter als höchstens bis Oeversee vorzuschieben, umsomehr, als diese Truppen bereits seit Morgens 4 Uhr ohne abzukochen auf dem Marsche waren. Er selbst ging mit Sr. königl. Hoheit dem Kronprinzen nach Sieverstädt.

Ungefähr um 2¼ Uhr erreichte die österreichische Avantgarde, eine Abtheilung Liechtenstein=Husaren und eine Compagnie von dem 9. Jägerbataillon, die feindliche Nachhut südlich von Helligbeck, und bald gewahrte man, daß das an der Straße liegende, eine schiefe Fronte mit zwei ausspringenden Winkeln bildende, den südlichen Zugang der Straße dominirende Wirths=gebäude sowohl, als der in öst= und westlicher Richtung über die Straße laufende Knick von einer im Ganzen etwa 4 Compagnien starken Infanterieabtheilung besetzt und zur Vertheidigung vorbereitet waren. Kaum hatte F.-M.-L. v. Gablenz den Feind gesehen, als er auch sogleich das Zeichen zum Angriff gab, und wie im Sturme sausten die Husaren heran, die Jäger ihnen zur Seite. Nach einem kurzen, aber ziemlich blutigen Kampfe war die Position genommen und der Feind zurückgeschlagen, wobei die ersten Gefangenen (nahe an 50 Mann) gemacht wurden. Außer kleinern Scharmützeln kam das Gefecht erst wieder vor Oeverfee zum Stehen, allwo sich, durch Hügel und coupirtes Terrain sehr begünstigt, den Dänen eine feste Stellung darbot. Schon bis hieher glich die Verfolgung des Feindes einer Hetzjagd, bei welcher sich der Kampf mehrere Stunden hindurch fast über ein Terrain von 3 Meilen Länge ausspann. Bei dieser letzten defensiven Stellung aber hatten die Dänen in der That Alles aufgeboten, um sich zu halten. Nicht gehetzte und vom Marsch ermüdete, sondern nur solche Truppen hatten die Höhen und Knicks besetzt, welche an diesem Tage bisher noch gar nicht im Gefechte waren; sogar freiwillige Schützen hatten sich gemeldet und um die Ehre gebeten, diejenigen zu sein, welche die anstürmenden Oesterreicher zuerst zu empfangen hätten. Einige hundert Schritt nördlich von dem Dorfe geht in ost-westlicher Richtung über die Straße ein hoher Knick, der sich mit seinem Westende an einen Teich anlehnt. Etwa 800 bis 1000 Schritte dahinter tritt der befestigte Saum des Waldes hervor, und das Terrain zwischen dem hohen Knick und dem Walde ist abgeflacht und bildet mit dem den Wald in westlicher Richtung umsäumenden Wasser gleichsam eine Bucht. Oestlich von der Straße, dem Walde gegenüber, welcher durch dieselbe gleichsam abgekantet wird, ist das Terrain bedeutend erhabener und eignet sich sehr zu Geschütz-Positionen;

die ganze Länge der von den Dänen innegehabten und vortheil=
haft armirten Position, deren Eingang vor dem Dorfe Oeverſee
und deſſen Kruge, der Ausgang aber nahe bis Billſchau war,
beträgt $1/4$ bis $3/8$ Meile. Schon neigte ſich der Tag dem Sin=
ken zu, und F.=M.=L. v. Gablenz erkannte gar bald mit rich=
tigem Feldherrntakte, daß dieſe ſtarke Poſition, die im Weſten
zwar umgangen werden konnte, wenn die Zeit nicht zu kurz
geweſen wäre, unter allen Umſtänden noch vor einbrechender
Nacht genommen werden müſſe, wenn nicht Alles wieder ver=
loren gehen ſollte, was man am heutigen Tage mit ſo unſäg=
licher Mühe errungen hatte. Er ſtieg vom Pferde, miſchte
ſich unter die vorderſten Reihen ſeiner für den Kaiſer und ihren
geliebten Feldherrn begeiſterten Kämpfer, und wirkte dadurch
faſt unberechenbar auf die Kampfluſt ſeiner Soldaten. Schon
waren die Huſaren auf dem glatten Boden der Chauſſee zu
weit vorgerückt und in die Gefahr eines Kreuzfeuers gerathen,
welches ſie öſtlich der Straße von einer däniſchen Halb=Batterie
aus und dieſer gegenüber durch die Flintenkugeln des domini=
renden und ſtark beſetzten Knicks bedrohte. Da mußten denn
wieder die Jäger herbei, welche ſich eiligſt durch das Dorf und
über die coupirten Felder dem großen Knick entgegenwarfen;
rechts von der Straße hatte das Regiment „König der Belgier"
Dispoſition, und der Hauptangriff erfolgte unter lautem Hurrah
auf den erſten Knick. Trotz des forcirten Marſches und trotz der
Ermüdung, welche ein vorhergegangenes dreitägiges Campiren
auf offenem Felde und unter allen Unbilden einer ſtrengen win=
terlichen Witterung herbeiführen mußte, griffen die öſterreichi=
ſchen Truppen mit unerſchütterlichem Muthe die feſte Stel=
lung des Feindes zu wiederholten Malen an und es entſpann
ſich, weil der Feind, der an numeriſcher Anzahl den Angreifern

bedeutend überlegen war, auch mit anerkennenswerther Tapferkeit focht, ein längerer und in seiner Art so blutiger Kampf, wie selten die Kriegsgeschichte einen ähnlichen aufzuweisen hat. Der Däne ließ die Oesterreicher stellenweise bis auf 10—15 Schritte herankommen, und gab dann erst volle Salven auf die Anstürmenden, die von ihren Gewehren keinen andern Gebrauch machen konnten als Stoßen und Schlagen, weil von dem dreitägigen Campiren im Schnee die Gewehre eingerostet waren und beinahe jeder Schuß versagte. Fast auf allen 3 Hauptpositionen, sowie im Walde längs der Chaussee kam es zum Handgemenge und die k. k. Truppen haben Wunder von Tapferkeit und Ausdauer vollführt, während die Bravour der Officiere eine fast beispiellose war. Schon aus mehreren Wunden blutend, stürzten sie sich oft, mit dem Rufe: „Es lebe der Kaiser!" in das dichteste Kampfgewühl und übten dadurch auf die Mannschaft jenen wunderbaren, halb räthselhaften Einfluß von Begeisterung aus, welchem die größten Helden und ihre Affairen stets den Erfolg zu danken hatten.

v. Gablenz war fast an allen Punkten mitten unter den Kämpfern und wirkte nicht minder elektrisirend auf sie ein. Da das Gefecht einen so heißen und blutigen Charakter angenommen hatte, so war es auch fast unmöglich, demselben, obgleich schon die Nacht hereingebrochen war, Einhalt zu thun, und die Stürmenden verfolgten die fliehenden Feinde bis weit über Billschau hinaus, und würden ihnen wahrhaftig noch in dieser Nacht nach Flensburg gefolgt sein, wenn nicht die Officiere endlich auf höhern Befehl ihre Leute fast mit Gewalt zurückgehalten hätten. v. Gablenz hätte freilich die bisher nicht im Kampfe gewesene Brigade Gondrecourt noch in dieser Nacht gegen Flensburg vorsenden können, allein der Befehl des Ober-

Feldmarschall-Lieutenant v. Gablenz bei Oberselse.

commandos der alliirten Armee lautete: „Bis hieher und nicht weiter."

Auf beiden Seiten war der Verlust ein großer, bei den k. k. Truppen erreichte er von den im Kampf gewesenen 3000 Mann die Höhe von 710 Todten und Verwundeten, also beinahe jeder vierte Mann; der Däne verlor hingegen allein an Gefangenen über 700 Mann, und an zurückgelassenen Todten etwa 400.

F.-M.-L. v. Gablenz erhielt eine Kugel unter die Magengrube, welche jedoch an den Messinggebinden der Säbelkuppel abprallte. Nach Beendigung des Gefechtes behielt die Brigade Nostitz die Station Oeverfee, während v. Gablenz sein Hauptquartier nach Frörup verlegte.

In der Nacht vom 6. zum 7. war ein stürmisches Wetter mit eisigem Gestöber, und in diesem Wetter wurden, so gut es ging, die vielen Verwundeten von den verschiedenen Wahlstätten aufgelesen und nach Schleswig befördert, welcher Transport noch den ganzen andern Tag fortdauerte. Ja, sogar noch am 8. wurden einzelne Verwundete unter dem hohen Schnee aufgefunden, welche freilich bald darauf verschieden sind. An Todten wurden noch nach 14 Tagen mancher vom Schnee bedeckte Däne und Oesterreicher aus den Vertiefungen der Wälle hervorgeholt und zur Stelle begraben. Die Straße von Helligbeck bis dicht vor Flensburg bildete mit ihren Trümmern von Kanonen und Wagen, mit gefallenen Pferden und Menschen, die von blutgetränktem Schnee bedeckt waren, noch mehrere Tage nachher ein sprechendes Bild des heftigen Kampfes am 6. Februar 1864. —

Am 7. Februar, Morgens 8 Uhr, rückte die aus 3 Eskadronen Cavallerie bestehende Avantgarde des preußischen Corps

— welches indessen, bei Cappeln und Arnis über die Schlei gesetzt, seine Direktion auf Flensburg nehmend, beinahe 30 Stunden auf dem Marsche war — vor Flensburg, drang in die Stadt, nahm etwa 50 Infanteristen gefangen, und erbeutete 2 Geschütze, so wie viel Kriegsmaterial. Die letzten dänischen Abtheilungen, bis auf die obenerwähnten Gefangenen, hatten schon um 5 Uhr früh die Stadt verlassen und sich eiligst nordwärts zurückgezogen. Gegen Mittag rückte die Avantgarde der Gardedivision, sowie der Feldmarschall mit dem ganzen Stabe in Flensburg ein. Die Armee-Stellung wurde jetzt dahin geändert, daß das preußische Corps unter dem Prinzen Friedrich Carl, den rechten Flügel bildend, in und um Glücksburg, die Gardedivision, unter General v. d. Mülbe als Centrum in und um Flensburg, sowie das österreichische Corps als linker Flügel und theilweise Reserve in Schleswig, Hürup, Frörup, Oeversee, Bistoft und Barderup stationirt ward. Zur Deckung der linken Flanke der ganzen Armee gegen den Westen (Husum u. s. w.) wurde die Brigade Gondrecourt nach Wanderup dislocirt. Die Fühlung mit dem Feinde war nun einmal der Umstände, so wie mancher Mißverständnisse wegen verloren gegangen, indessen hätte die Gardedivision schon am 8. früh dieselbe bis Rinkenis und Gravenstein wieder erreichen können, allein das nicht genau gekannte vorliegende Terrain, so wie die etwas weitläufige Dislocation der Armee-Points ließ für den Augenblick keine Ordre zu einer weitern und schnellen Verfolgung des Feindes zu. Man präsumirte vor Allem, daß die Hauptmacht der dänischen Armee sich nach Düppel und Alsen geflüchtet und nur ein kleiner Theil seine Richtung nach dem Norden genommen haben mußte. Vor Düppel aber stand, wie aus den Jahren 1848/49 bekannt, ein ernsterer und nicht

so rasch und leicht zu bewältigender Kampf bevor, weßhalb es
gerathen erschien, behufs eines weitern Vormarsches nach dem
Norden vor Allem die Düppel = Stellung ohne jede vorläufige
Prämisse zu cerniren.

Es ist hiebei in Erwägung zu ziehen, daß (mehr oder min=
der) sämmtliche Truppentheile bei den langen und forcirten
Märschen auf den glatten oder von hohem Schnee verwehten
Straßen bei andauernd stürmischem Wetter fast unbeschreibliche
Anstrengungen zu erdulden hatten, und daß zur Erholung der
Mannschaft eine mehrtägige Ruhe unbedingt nothwendig wurde,
weßhalb der Feldmarschall den Befehl ertheilte, daß am 8. und
9. für die ganze Armee in ihren Cantonnements Ruhetag sein
solle, und nur die Vorposten der Gardedivision gegen Apenrade
und Gravenstein Recognoscirungen vorzunehmen hätten. Diese
hatten ergeben, daß die Düppeler Stellung eine noch bedeutend
stärkere geworden sei, als sie es im vorigen Kriege war, und
daß man ohne zu große Opfer dieselbe nur auf dem Wege
eines anhaltenden Geschützkampfes bewältigen könne; ferner:
daß die Hauptmacht der dänischen Cavallerie, sowie 4 Regimen=
ter Infanterie und einige Batterien, bereits am 8. Apenrade
verlassen hätten, endlich traf von Friedrichsstadt die Meldung
ein, daß am 5. Abends die kleine dänische Besatzung die Stadt
verlassen habe, und wahrscheinlich über Lügumkloster auf der
Westseite der Halbinsel nach dem Norden gezogen sei. In Folge
dieser Wahrnehmungen wurde eine weitere Cantonnirung der
Truppentheile anbefohlen, und namentlich das österreichische
Corps mehr nach dem Norden geschoben. Eine am 10. von
einer Abtheilung des preußischen Corps gegen Gravenstein und
weiter ausgeführte Recognoscirung, bei welcher ein Zu=
sammenstoß mit den feindlichen Soutiens stattfand, lieferte

den Beweis, daß der Feind durchaus nicht gesonnen sei, freiwillig seine feste Stellung in den Düppler Schanzen aufzugeben. —

Wenn man die kurze Zeit vom 1. bis incl. 7. Februar und die in derselben errungenen Vortheile in Betrachtung zieht, so steht in erster Reihe das weltberühmte Dannewerk, welches, wie von vielen Seiten behauptet wird, ohne Schwertstreich in die Hände der Alliirten gefallen ist. Allerdings haben die Dänen dasselbe in einem Momente verlassen, wo von Seiten der Alliirten keine aggressive Bewegung stattfand, aber die zum Angriff getroffenen Anstalten haben zuerst des Feindes numerische Schwäche ihm selbst klar gemacht, anderntheils hat der forcirte Angriff und die beispiellos rapide und todesmuthige Erstürmung des Königsberges nebst seinen Vorschanzen von Seiten der Brigade Gondrecourt einen in der That demoralisirenden Eindruck auf einen großen Theil der dänischen Truppen ausgeübt, so zwar, daß der im feindlichen Lager am 5. bekannt gewordene projektirte Uebergang des preußischen Corps bei Arnis und Cappeln schon mehr als übermäßiges Vollgewicht in die Schale der Entscheidung fallen mußte, umsomehr als die Oesterreicher mit dem Königsberge auch zugleich eine gegen die eigene Brust des Feindes sehr gefährliche Waffe errungen hatten. Die von Seiten des preußischen Corps unter dem Prinzen Friedrich Carl gegen Missunde unternommene Recognoscirung war, in Anbetracht dessen, daß dort ein Uebergang sich als absolut unmöglich herausstellte, vielleicht etwas zu kostspielig, weil in der That nichts erreicht worden, sondern nur ein Verlust von nahe an 200 Mann zu beklagen ist, während hingegen das österreichische Corps bei einem allerdings dreimal so großen Verluste eine der wichtigsten Schanzen des berühmten Dannewerks erobert und dadurch den ersten Impuls zur Räumung desselben gegeben hat. Es ist aber ebenso erwiesen, daß gerade zum Entrée des Feldzuges die preußische Artillerie bei Missunde wie bei Schleswig sich als eine sehr überlegene Waffe bewährte und sowohl dem Feinde als auch dem Verbündeten besondere Achtung und Anerkennung abnöthigte. Die Genauigkeit im Treffen sowie die seltene Tragweite der preußischen Geschütze hat sich auch späterhin namentlich vor den Düppler Schanzen besonders bewiesen und der hiedurch, sowie in erster Linie durch die immerhin auffallende Angriffsfähigkeit der österreichischen Truppen mit Bajonett und Kolben und ihre besondere Behendigkeit und Ausdauer im Laufen und Klettern erzielte Erfolg mag wohl bei den dänischen Befehlshabern jene Ueberzeugung festgestellt haben, daß das Dannewerk gegen solche Truppen und mit einer so geringen Macht absolut nicht zu halten wäre.

Als zweites sehr wichtiges Resultat ist das Gefecht bei Oeverfee hervorzuheben, welches allerdings ein fast beispiellos blutiges war und mit großen Opfern erkauft werden mußte, jedoch, wie ich noch weiter unten nachweisen werde, bei den spätern Hauptmomenten der österreichischen Aktion, zu Veile und Friedericia, eine große Rückwirkung auf den Geist der feindlichen Truppen zur Folge hatte. Es wird von mancher Seite angedeutet, daß in Folge jenes Versehens, welches am 6. Morgens in der österreichischen Corpskanzlei betreffs der an den General v. d. Mülbe abzusendenden Depesche stattgefunden hat, die Gardedivision verhindert gewesen sei, in der Flanke des Feindes mitzuwirken und dadurch vielleicht die ganze flüchtige Armee des Feindes abzuschneiden; ferner, daß v. Gablenz den Preis des Tages von Oeverfee, der eben auch von dieser Seite als kein

besonders ins Gewicht fallender bezeichnet wird, und bei weniger
Eile wohl mit geringeren Opfern zu erringen gewesen wäre, zu
theuer erkauft hätte. Daß dem aber nicht ganz so ist, werde
ich mit kurzen Worten unter Anführung von Thatsachen zu be=
beweisen suchen. Nach Mitternacht erhielt v. Gablenz die Nach=
richt vom Abzuge der Dänen aus dem Dannewerk, mußte sich
jedoch, ehe er mit Sicherheit darauf bezügliche Verfügungen
treffen konnte, von der Wahrheit dieser Nachricht überzeugen,
wozu ein Zeitraum von zwei Stunden kaum hinreichte. Um
vier Uhr Morgens sprengte ein Courier mit der Meldung an den
Feldmarschall nach Damendorf, wo er allerdings erst nach drei
Stunden eintraf; jedoch war es immerhin noch Zeit, aus dem
Hauptquartier des Feldmarschalls sofort eine Ordonnanz mit
dem Dispositionsbefehl an den General Mülbe über Klein=
Breckendorff nach Kropp zu senden, welche Strecke von zwei
geographischen Meilen jeder Reiter in mindestens zwei Stun=
den zurücklegen muß. Mit Tagesanbruch wären also der Garde=
division aus dieser eigentlichen und normalen Quelle ihre wei=
teren Verhaltungsbefehle zugekommen, um welche Zeit etwa ihre
ausgestellten Vorposten die Räumung der Schanzen gewahr wur=
den. Sogleich den richtigsten, weil kürzesten Weg über Fried=
richshaide durch das Dannewerk nach Husby, Schuby und
Ahrenholz einschlagend, hätte General Mülbe innerhalb fünf
Stunden, also circa um 3 Uhr Nachmittags Ahrenholz erreicht,
sich mit der um diese Zeit bereits in Helligbeck stehenden
österreichischen Arrièregarde in Verbindung setzen und, wenn
auch nicht in confluenter Correspondenz, auf der Husum=Flens=
burger Chaussee als linker Flügel operirend (weil es platterdings
unmöglich war, von Ahrenholz von Nachmittags 3 Uhr bis zum
Abend auf dem Seitenwege, der über Friedrichsau, Langstedt,

Barderup nach Wedding in diese Chaussee einmündet, diese Strecke von 3½ geographischen Meilen in 3½ Stunde zurückzulegen), so doch um Mitternacht mit der Avantgarde in Flensburg einrücken, und dort den durch Strapatzen und Ermattung in totaler Auflösung befindlichen größern Rest der dänischen Armee abschneiden können. Dies wäre die einzig mögliche Eventualität zur Erreichung größerer und militairisch imposanter Vortheile gewesen, weil Prinz Friedrich Carl, welchem die Operationslinie auf der Missunde-Flensburger Chaussee angewiesen war, wegen des noch nicht bewerkstelligten Ueberganges über die Schlei in zu großer Entfernung stand.

F.-M.-L. v. Gablenz konnte, da ihm, wie schon erwähnt, ursprünglich der Auftrag geworden, den Feind so schnell und so weit wie möglich zu verfolgen, auf das faktische Eintreffen dieser Eventualität nicht warten, und, einmal auf der Ferse des Feindes und im Verfolgen desselben begriffen, d u r f t e er nur auf jenem Punkte des gewonnenen Terrains Halt machen, welcher ihm laut später erfolgtem Oberbefehl ausdrücklich angegeben worden ist. Seine Aufgabe war somit: den Feind bis Oeversee zu verfolgen; und, wenn erreicht, ihn anzugreifen und zu schlagen. Wenn ihm im Weitern die nicht bewerkstelligte Umgehung des bei Oeversee gelegenen Sees und dadurch jener starken und gefährlichen feindlichen Waldhöhenposition von eben dieser Seite vorgeworfen wird, so muß ich dagegen anführen: daß eine solche Umgehung bei dem ungewissen, ja mehr als ungünstigen Wetter zum mindesten einen Zeitaufwand von 1½ bis 2 Stunden erfordert hätte, und daß schon vor Beendigung derselben die tiefste Nacht hereingebrochen wäre; es mußte somit jene oft erwähnte Position des Feindes in der Fronte angegriffen und vor Einbruch der Dunkelheit von Stellung zu

4

Stellung genommen werden. — Dies ist denn auch geschehen, und für die allerdings in großer Entfernung folgenden beiden **Flügel-Points** (Gardedivision und das preußische Corps) war es am 7. ein Leichtes, die Arrièregarde eines eclatant geschlagenen Feindes aus Flensburg zu vertreiben und die Stadt zu besetzen. Hätte aber v. Gablenz am 3. den Königsberg und am 6. Abends die **Oeversee-Position** nicht par force genommen, so ständen heute vielleicht noch die Kriegsverhältnisse bedeutend anders. Aus eigener Erfahrung kenne ich das Gefühl, gleich dem Jagdhunde ein Wild bis zur Todesermattung zu verfolgen, wenn man es erreichen will und muß. Stets ist das Wild die Direktion des Weges, desgleichen der fliehende Feind im Kriege. Von 5 Uhr Morgens bis zum Abend 7—8 Uhr waren die österreichischen Truppen, ohne abzukochen, jagend und hetzend in Bewegung, und mußten noch am späten Abend eines der blutigsten Gefechte bestehen, welches die Kriegsgeschichte aufzuweisen hat. Aber nachdem der letzte Schuß gefallen, nachdem der letzte Todesschrei in der dunkeln Nacht verklungen und die erschöpften Sieger auf den Wahlstätten, welche von ihren todten und noch blutenden Kameraden bedeckt waren, während des Tobens eines winterlichen Nachtsturmes, erst den noch Lebenden ihre brüderlich-hilfreiche Hand hatten geben müssen, zogen sie, theilweise bis zum Umsinken ermattet, gegen Morgen in die von Schnee bedeckten Räume, fielen todesmüde zur Erde, und schliefen den Schlaf der Gerechten.

Mitte Februar wurde das österreichische Hauptquartier von Flensburg über Apenrade nach Hadersleben vorgeschoben.

Wie Alles im Leben sich zunächst in Contrasten abscheidet, so herrscht auch zwischen diesen beiden Städten Flensburg und Hadersleben ein so gewaltiger Unterschied in Sitte und Gesinnung, daß er jedem Unbefangenen gleich zu Anfange auffallen muß. Flensburg hat verhältnißmäßig bedeutend weniger geborene Dänen als Hadersleben, während von den wirklichen Deutschen fast die Hälfte dänisch gesonnen ist; wogegen Hadersleben sowohl bei den Dänen wie bei den Deutschen sich einer weit überwiegenderen Majorität für die deutschen Interessen erfreut. In Flensburg hat von jeher bei der indifferenten Krämermasse dänisches Geld dem eigenen Vortheil und mit ihm dänischen Sympathien fast ohne Zwang gedient, während in Hadersleben der gewaltsame und überstarke Beamtendruck von oben nach unten das Gegentheil zur Folge hatte. Der Empfang der k. k. Truppen in Hadersleben war demnach auch ein ganz anderer, als seiner Zeit jener der Preußen in Flensburg. Sogar an Blumen und Kränzen fehlte es nicht, und die deutschen Frauen wetteiferten miteinander, die Sieger von Oberselk und Oeversee mit aller Herzlichkeit und Verehrung auszuzeichnen. Gleich am zweiten Tage nach dem Einzuge fand im Saale des Bürgervereines ein großer Ball statt, bei welchem fast sämmtliche Officiere der Brigade Nostitz, so wie ein Theil der Herren Officiere von der Brigade Gondrecourt zugegen waren. Die Damen erschienen alle in österreichischem und schleswigholsteinischem Bänderschmuck, und Frohsinn, Freude und herzliches Einverständniß belebte die ganze Gesellschaft bis zum Morgen. F.-M.-L. v. Gablenz empfing die von den Bürgern der Stadt abgesendete Deputation mit sehr freundlichen, ja herzlichen Worten, und erfüllte dadurch die Brust eines jeden Patrioten mit Zuversicht und Vertrauen auf die gerechte Sache ihres theuren Vaterlandes, auf den guten Willen seines hochgeliebten Monarchen, Sr. Majestät des

Kaisers von Oesterreich, in dessen Namen er für deutsches Recht und deutsche Treue sein Blut zu opfern bereit sei. So verfloß eine, für den gleichsam im Felde stehenden Soldaten, trotz alles freundlichen Entgegenkommens der deutschen Einwohner, nur hie und da durch die fast komische Arroganz der sogenannten Eiderdänen (wo solche mit österreichischen Officieren als Quartierleger in Berührung kamen) einigermaßen gewürzte, ziemlich langweilige Epoche von etwa drei Wochen. —

Während dieser unthätigen und für den Soldaten nur nachtheiligen Ruhe hatte die leidige deutsche Diplomatie leider Zeit genug, in gegenseitiger Rivalität von einem Hinterhalt zum andern, von einer Kluft zur andern ihre Courbetten und Bocksprünge auszuführen, um nachher vor dem Forum der Allgemeinheit auf dem Seile tanzen oder in Parade defiliren zu dürfen. Mittlerweile hatte indessen Prinz Friedrich Carl mit seinem Corps um die Düppler Schanzen eine immer enger werdende Schlinge gezogen, und Alles stand in den ersten Tagen des März auf dem Culminationspunkte der Entscheidung. Diese wurde abermals durch das persönliche Einwirken unseres Helden, des F.-M.-L. v. Gablenz (wie ich später in einer besondern Abhandlung zu beweisen gedenke), herbeigeführt, und am 5. März gelangte an denselben der kaiserliche Befehl zum ungesäumten Einrücken in Jütland. Am 6. Abends gaben die Officiere des österreichischen Corps den Einwohnern Haderslebens, gleichsam als Revanche, ein Abschiedsfest, ebenfalls in den Räumen des Bürgervereins, welches bis zum hellen Morgen dauerte, und am 8. früh um drei Uhr (theilweise aus den entfernten Seitencantonnements schon am 7.) bewegte sich das ganze österreichische Corps über Christiansfeld und Kolding nach dem Norden. Der inzwischen von Wien als Ablatus des

Corpscommandanten eingetroffene F.=M.=L. Graf Neipperg erhielt laut Corpsbefehl die Bestimmung, die beiden Brigaden Thomas und Dormus zu übernehmen und in correspondirender Höhe mit den Brigaden Nostiz und Gondrecourt, welche unter persönlicher Anführung des F.=M.=L. v. Gablenz auf der Chaussee von Kolding über Viuf gegen Veile zogen, den Weg über Dons, Aagaard, Oedstedt und Hollund einzuschlagen und eine zur Ueberflügelung geeignete Stellung in der westlichen Flanke von Veile zu erreichen. Diese Disposition war unstreitig eine tadellose, und wären nicht Elementar=Ereignisse eingetreten, welche die Ueberbrückung der dieser Seitencolonne im Wege liegenden zwei Flüsse „Nebel=" und „Veile=Au" so sehr erschwerten, und dadurch das gleichzeitige Eintreffen der Division Neipperg am 8. Abends im Rücken der Stadt Veile unmöglich machten, so würde an diesem Tage unstreitig die ganze auf diesem Terrain sich befindende feindliche Truppe abgeschnitten und gefangen genommen worden sein. Zu gleicher Zeit erhielt die Gardedivision Befehl, gegen die Festung Friedericia vorzurücken, um das allenfallsige Zurückziehen des Feindes nach dieser Seite hin zu verhindern, gleichzeitig der etwa von hier kommenden feindlichen Verstärkung den Weg abzuschneiden und im Verlauf der Ereignisse so bald wie möglich bis auf Weiteres die Festung Friedericia zu cerniren. Wie schon erwähnt, bewegten sich am 8. Morgens die beiden Brigaden Nostiz und Gondrecourt von Kolding aus auf der Straße nach Veile, und etwa eine gute Meile nördlich von Kolding stieß die Avantgarde auf zwei Escadronen feindlicher Dragoner und erreichte somit gegen Mittag die erste Fühlung mit dem Feinde.

Oberlieutenant Graf Czernin vom Dragonerregimente Fürst Windischgrätz, sowie Hauptmann Uexküll=Gyllenbandt vom Generalstabe griffen (allerdings in etwas tollkühner Weise) mit einem Zuge Dragoner (etwa 25 Mann) die beiden feindlichen Escadronen an, wobei Graf Czernin stark verwundet und gefangen genommen, Hauptmann Uexküll dagegen bloß verwundet wurde.

Da sich der retirirende Feind theilweise auf Anhöhen und nur in großer Entfernung sehen ließ, und durchaus keine Miene machte, manche ihm günstig liegende Positionen halten zu wollen, war mit Bestimmtheit anzunehmen, daß derselbe vor Veile sich in kein ernstliches Gefecht einlassen werde. Diese Stadt mußte demnach bald erreicht werden, damit das Corps dem sich dort darbietenden, voraussichtlich hartnäckigen Kampfe noch vor Einbruch der Nacht sich unterziehen könne. Aber die Truppen waren theilweise bereits 10—12 Stunden, ohne abzukochen, auf dem Marsche, das Wetter war schlecht, denn den ganzen Morgen fiel Schnee und Regen, die Seitenstraßen waren fast grundlos, und selbst auf der Chaussée lag dicker Koth und Schnee. Nach einer kurzen Rast bei Viuf erreichte das Corps etwa ³/₄ Meilen südlich der Stadt abermals Fühlung mit dem Feinde, und es begann etwa um 4 Uhr das dem blutigen Verfolgungsgefechte von Oeversee an militairischem Interesse bei weitem überlegene Treffen von Veile. Während F.=M.=L. v. Gablenz rasch und entschieden seine Dispositionen traf und die Reserve-Artillerie, welche ziemlich die Queue der ganzen Divisionscolonne bildete, en Carrière an beiden Brigaden vorbei in die Gefechtslinie vorrücken ließ, klärte sich mit einem Male der Himmel auf, und das günstige Wetter war beiden Theilen eine sehr willkommene Erscheinung.

Veile liegt in einem reizenden Thale, auf drei Seiten von imposanten Anhöhen umringt, an der Bucht, dem sogenannten

Veile-Fjord, welchem gegenüber sich ein Binnensee bis an den Fuß der sich von Süden westwärts bis Norden hinziehenden Höhenkämme ausdehnt. Im Süden dieser Anhöhen befindet sich rechts von der Chaussee eine große Windmühle, welche sich durch vorliegende Knicks zum ersten Vertheidigungspunkte vortrefflich eignet, aber nach dem Norden hin das ganze Thal, die Stadt und selbst die nördlichen Waldhöhen beherrscht, weßhalb gerade dieser Punkt mit der größten Anstrengung zu vertheidigen, anderntheils unter allen Umständen zu nehmen ist. In der fast unglaublich kurzen Zeit von 20 Minuten war die Gefechtslinie arrangirt, während unterdessen die Nachricht eintraf, daß die Gardedivision den ihr in der Armeedisposition bestimmten Platz erreicht, somit jeden möglichen Rückzug des Feindes nach Friedericia abgeschnitten, und seine Absicht, von dieser Festung aus die rechte Flanke der Oesterreicher im Rücken zu bedrohen, vereitelt habe. Zwei Divisionen Cavallerie rückten zum ersten Angriff auf die etwa 300 Schritte vor der Mühle hinter Erdaufwürfen liegende dänische Infanterie nach der Fläche rechts von der Chaussee, mußten aber wegen der Unmöglichkeit, die Knicks zu überspringen, wieder zurückdeployiren, worauf während der ersten Kanonenschüsse, die auch gleich beantwortet wurden, 2 Kompagnien der „Hessen"-Infanterie heranstürmten und nach einem 10 Minuten langen Kampfe die stark besetzte und energisch vertheidigte Mühle genommen hatten. F.-M.-L. v. Gablenz, welcher die große Wichtigkeit dieses Punktes sogleich erkannte, ließ sofort zu beiden Seiten der Mühle eine Batterie gezogener Achtpfünder gegen die Stadt und die Nordposition aufführen, und jetzt erst begannen die eigentlichen Operationen in ihren militairisch schönen und interessanten Consequenzen. Der Feind zog sich, über die Abhänge fliehend, aber in größter Ordnung, nach der Stadt zurück, während die nachrückenden Colonnen auf der ziemlich steilen Chaussee um die Mühlenhöhe herum sich ebenfalls thal= wärts und nach der Stadt hin bewegten. Zu beiden Seiten der Chaussee hatten sich die Jäger schwärmend aufgelöst, und waren den feindlichen Tirailleurs ziemlich dicht auf der Ferse. Sowie sich auf der nach der Stadt zu einbiegenden Chaussee die ersten Colonnen blicken ließen, wurden sie sogleich von der befestigten Nordposition aus mit Granaten und Kartätschen= hagel bestrichen, sprangen aber fast ohne Commando zu beiden Seiten in den Graben und rückten so gedeckt bis etwa 200 Schritte vor die Stadt. Am Eingange derselben befindet sich über der Canalverbindung zwischen dem Hafen und dem Bin= nensee eine steinerne Brücke, welche mit einem starken Verhaue verbarrikadirt war. Gegen dieselbe bildete ein Bataillon „Hessen"=Infanterie unter Commando des Major Taulow eine Sturmcolonne, welche sich sogleich, und zwar unter Musik und klingendem Spiele, in Bewegung setzte und, ihren Schritt bald verdoppelnd, endlich unter mächtigem „Hurrah", welches weithin im ganzen Thal wiederhallte, stürmend über den Ver= hau hinweg und in die Stadt hinein drang. F.=M.=L. v. Gab= lenz stand während dessen noch bei der Mühle, folgte aber bald darauf den stürmenden Truppen in die Stadt, und stellte sich sodann mit seinem Generalstabe auf einem Plateau westlich der Stadt, den nördlichen, mit feindlichen Truppen förmlich ge= spickten Anhöhen gegenüber, auf. Von hier aus, wo er über eine Stunde lang im dichtesten Kugelregen stand, leitete er alle späteren Bewegungen der verschiedenen Truppentheile. Bald mußte er aber über die gefährliche Lage, in welcher seine Truppen sich augenblicklich befanden, im Klaren sein und sein Augen=

Feldmarschall-Lieutenant v. Gablenz im Treffen bei Veile.

merk hauptsächlich auf die in der That enorm starke feindliche Position des nördlichen die Stadt und alle Ausgänge dominirenden Höhenkammes richten, dessen Angriff in der Fronte mit zu großen Opfern erkauft werden würde, weßhalb er eine Umgehung des rechten feindlichen Flügels beschloß. Obrist Schütte, der Commandant des Regiments „Prinz v. Hessen", gab den Impuls zu diesem Manöver, welches auch nach Verlauf einer Stunde vollzogen war und die Entscheidung des Treffens herbeigeführt hatte. Unterdessen fand im Innern der Stadt, theils durch die dänischen Geschützkugeln, theils durch die Bayonette der Stürmenden, in den dem Norden zunächst liegenden Häusern manche traurige Scene statt, und beim Anblick jener gefährlichen Stellung des Feindes, im dichtesten Hagel seiner Gewehr= und Geschützkugeln, mußten im ersten Augenblicke selbst die herzhaftesten und erfahrensten Soldaten zum mindesten stutzen. Die Aufgabe war keine leichte, denn schon aus den am Fuße des Berges liegenden, die beiden Ausgänge der Stadt beherrschenden Häusern, sodann von den Höhen herab wurde jede noch so kleine Fläche andauernd bestrichen, sogar aus den letzten Häusern der Stadt selbst wurde geschossen, weßhalb es geboten erschien, zuerst dieser Gebäude sich zu bemächtigen, bei deren Säuberung auch bewaffnete Civilisten vorgefunden wurden. So dauerte dieser fast zum Straßenkampf gewordene Theil des Treffens über eine Stunde, während welcher allerdings die österreichischen Geschütze bei der Mühle im Süden der Stadt gewaltig ertönten und unter den feindlichen Reihen große Verheerungen anrichteten, ferner auch die Truppen nicht minder gut schossen, denn diesmal waren die Gewehre nicht eingerostet, wie es leider des dreitägigen Campirens wegen bei Oeversee der Fall war. Endlich ertönte in der rechten Flanke des Feindes der erste Kanonenschuß, und wie elektrisirt wandte Alles, Freund wie Feind, den Blick nach jener Seite hin. Daß die Umgehung glücklich bewirkt worden sei, zeigte der Feind selbst dadurch, daß er in der Fronte der Position etwas unsicher geworden war und Miene machte zu einer retrograden Bewegung nach rechts. Dies war der gebotene Augenblick des Angriffes, und F.=M.=L. v. Gablenz ließ das Zeichen geben. Sogleich bildeten sich zwei Sturmcolonnen nach den beiden Höhenzugängen. Generalmajor Graf Gondrecourt sprang vom Pferde und stellte sich mit gezogenem Säbel an die Spitze der Colonne, welche die Schlucht zu erklimmen hatte. Und abermals widerhallt das Thal von mächtigem „Hurrah" — die Jäger voran, erklimmen die Sturmcolonnen die steilen Höhen, reißen die Verhaue auseinander und vertreiben den Feind aus seiner Vorderstellung. Unterdessen rückt auch die Umgehungscolonne immer näher, und der Däne sieht sich genöthigt, so schnell wie möglich den ganzen Wald zu räumen. Da wird es allmählich immer dunkler, bis endlich die finstere Nacht ihren schwarzen Mantel über Freund und Feind ausbreitet, und dem Kampfe sowie der Verfolgung Einhalt gebietet. Die Stärke der Dänen war der der beiden österreichischen Brigaden ziemlich gleich, nur mit dem großen Unterschiede, daß die Dänen, vielleicht um circa 1000 Mann schwächer, sich in einer vortrefflich befestigten Defensivstellung befanden. Auch kämpften sie wirklich mit anerkennenswerther Tapferkeit und Ausdauer, und doch mußte man sich bei näherer Besichtigung ihrer ausgezeichnet günstigen Stellung sehr wundern, daß sie dieselbe, trotz ihrer genügenden Stärke und ihres oft fanatischen Todesmuthes, nicht behauptet haben. Von Gefangenen habe ich mehrfach die Aeußerung gehört, daß die rapide Tapferkeit und Todesverachtung der österreichischen Truppen schon bei Oberselk und später bei Oeversee jenen unbesiegbaren moralischen Eindruck selbst auf die besten und erprobtesten Soldaten hervorgebracht hätte, welcher im Augenblick des Sturmes, vorzüglich aber während des Handgemenges, so nachtheilig auf den Geist zu wirken im Stande ist, daß selbst eine doppelt überlegene Macht jede Widerstandsfähigkeit auf die Dauer verlieren muß. Auch hier haben die österreichischen Soldaten Zeugniß abgelegt von dieser jedem Feinde imponirenden Tapferkeit und Ausdauer, auch hier wie am Königsberg und bei Oeversee, sind die Officiere als leuchtendes Beispiel ihrer vom langen Marsche und vom heftigen Kampfe erschöpften Mannschaft stets voran gewesen, vor Allem aber war auch hier der wichtigste moralische Hebel, welcher, Officiere und Mannschaft in stets rastloser Thätigkeit erhaltend, unter allen Umständen zum Siege führen muß — jene **unbegrenzte, in Allem vertrauende Verehrung, Liebe und Begeisterung für den Feldherrn**, der so oft schon bewiesen, daß an seinem Commandostabe die Fahne des Glückes und damit die des Sieges und des unsterblichen Ruhmes wehe, und diese Fahne ist ja stets der elektrische Strahl, welcher alle Nationen bis zur höchsten Stufe der Begeisterung zu erheben vermag.

An Todten und Verwundeten verloren die k. k. Truppen etwa 80 Mann, also kaum den achten Theil des Verlustes bei Oeversee, während die Dänen allein an Gefangenen ca. 200 Mann, sowie an Todten und Verwundeten über 400 Mann zu beklagen hatten. Und abermals hat F.=M.=L. v. Gablenz, und unter ihm die k. k. österreichischen Truppen, einen glänzenden und nachhaltigen Sieg über die Dänen errungen, welcher eine fast in wilder Flucht bestehende vollständige Räumung Jütlands (außer Friedericia) zur Folge hatte. Freilich hätte das rechtzeitige Eintreffen der beiden Brigaden Thomas und Dormus unter dem F.-M.-L. Neipperg in der westlichen Flanke von Veile diesen Sieg noch dahin vervollständigt, daß möglicherweise (wie schon erwähnt) die ganze dänische Armee am 8. März abgeschnitten worden wäre; allein unvorhergesehene Elementarereignisse und ungünstige Zufälle vereitelten dieses wohlcombinirte Manöver. Am 9. Abends fiel bei O.N.O.-Sturm viel Schnee und machte eine augenblickliche und nachhaltige Verfolgung des Feindes unmöglich, und erst am 13. dehnte sich das Corps bis Skanderborg aus, von wo aus am 15. eine größere Recognoscirung unter dem Commando des Grafen Gondrecourt gegen die Küste und Aarhuus stattfand, deren Resultat die bestimmte Gewißheit ergab, daß auf dem Festlande Jütlands durchaus keine feindliche Abtheilung von Belang sich mehr aufhalte. Späteren Nachforschungen zufolge hat es sich indessen herausgestellt, daß einige Eskadronen dänischer Dragoner nach dem Westen gezogen, sich dort aufgelöst, eine lange Zeit bei den Bauern unter der Maske von Knechten sich aufgehalten und des Nachts ihre kleinen Streifzüge gegen einzelne österreichische, vorzüglich aber gegen preußische Soldaten, der trefflichen Spionage wegen fast ungehindert, ausgeführt haben. Während dieser Zeit wurde mein unmittelbar persönliches Wirken beim k. k. österreichischen Armeecorps durch jenen bekannten Befehl Wrangel's, alle deutschen Berichterstatter aus dem Rayon der Armee-Körper zu entfernen, sistirt; demungeachtet werde ich den weitern Verlauf der Dinge, sowie auch die nicht minder siegreichen militairischen Aktionen der k. preußischen Truppen, aus authentischen Quellen geschöpft, in einem besondern Abschnitte gleichsam als zweiten Theil dieses Büchleins, nach gänzlicher Beendigung des Feldzuges, dem geneigten Publikum übergeben. Für jetzt will ich mich nur noch darauf beschränken, aus den hier zusammengestellten Thatsachen, welche nicht im mindesten auf Erfindung beruhen, sondern durchaus wahr sind, jenen Einfluß, welchen F.=M.=L. v. Gablenz auf das Schicksal des so lange geknechteten deutschen Landes Schleswig=Holstein, sowie auf das gute Recht seines erbberechtigten und angestammten Fürstenhauses, ausgeübt und dadurch sich das Anrecht auf ein Blatt in der Geschichte erworben hat, nochmals zu beleuchten.

Das siegreiche Gefecht am Königsberg, jenes bei Oeversee, und das glückliche Treffen von Veile, sind militairische Fakta, welche in erster Linie die Räumung des Dannewerks, sodann jene der Festung Friedericia zur Folge hatten. F.=M.=L. von Gablenz hat ferner bei dem jeweiligen argen Schwanken der deutschen Politik, in Folge seiner vielen und gewichtigen Connexionen, manchen nachhaltigen, wenn auch nur mittelbaren Einfluß auf unsere Diplomaten ausgeübt und namentlich die endliche Entscheidung seines geliebten Monarchen zur Aggression, eventuell zur Invasion nach Jütland herbeigeführt. Von Geburt ein echter Deutscher, war er stets allen echt deutschen Bestrebungen zugethan, und wenn auch österreichischer General und Unterthan, der für seinen Monarchen eine unbegrenzte Liebe und Verehrung hegt, hat er vor allen Andern die groß=deutschen Intentionen des Kaisers Franz Joseph mit großer Freude begrüßt und gerade diesen sich mit ganzer Seele hingegeben. Mit solchen Empfindungen im Herzen, betrat er den Boden Schleswig=Holsteins, hat mit voller Begeisterung für das mit Füßen getretene Recht dieses seit Jahren von aller Welt verlassenen deutschen Landes sieg- und erfolgreich gekämpft und vor Allem den biedern, geraden und gesunden Sinn des Volkes, das weder den Principien der rothen Republik, noch jenen des Despotismus huldigt, sondern über sein Gesammtwollen und Wünschen mit sich im Reinen ist, kennen, achten und lieben gelernt. So steht er heute da, an den Marken dänischer Gewaltherrschaft, den Augenblick ersehnend, welcher ihn berufen sollte, das glorreich Begonnene auch glorreich zu Ende zu führen. Das Jahr 1864 bildet in der deutschen Geschichte jedenfalls einen wichtigen historischen Abschnitt, und Ludwig v. Gablenz ist unbedingt einer der Helden dieses Abschnittes, dessen Namen noch die spätesten Geschlechter mit Verehrung aussprechen werden, dessen kriegerische Thaten geeignet erscheinen, die Blicke aller civilisirten Völker bis in die späteste Nachwelt auf sich zu ziehen. Seine Fähigkeiten, sowohl als Soldat, wie als Statistiker und Diplomat, sein gerader offener Sinn, seine angeborne Herzensgüte, verbunden mit einer seltenen persönlichen Tapferkeit und Ausdauer, verleihen ihm gerade jetzt, in der Fülle seiner Manneskraft, die Anwartschaft auf den Commandostab einer ganzen und großen Armee, und wohl den Truppen, wohl dem Fürsten und seinem Lande, dessen Kriegsheer F.-M.-L. v. Gablenz befehligt!

Flensburg, im Juni 1864.